AF452274

ENCYCLOPÉDIE

POPULAIRE,

OU

LES SCIENCES, LES ARTS

ET LES MÉTIERS,

MIS A LA PORTÉE DE TOUTES LES CLASSES.

L'instruction mène à la fortune
et conduit au bonheur.

Les contrefacteurs seront poursuivis selon toute la rigueur de la loi.

Extrait du Code pénal.

Art. 425. Toute édition d'écrits, de composition musicale, de dessin, de peinture ou de toute autre production, imprimée ou gravée EN EN-TIER OU EN PARTIE, au mépris des lois et réglemens relatifs à la propriété des auteurs, est une contrefaçon, et toute contrefaçon est un délit.

Art. 427. La peine contre le contrefacteur, ou contre l'introducteur, sera une amende de cent francs au moins et de deux mille francs au plus, et contre le débitant, une amende de vingt-cinq francs au moins et de cinq cents francs au plus.

La confiscation de l'édition contrefaite sera prononcée tant contre le contrefacteur que contre l'introducteur et le débitant.

Les planches, moules ou matrices des objets contrefaits seront aussi confisqués.

ART DE PRÉPARER

LA CHAUX

ET

LE PLATRE,

ET DE FABRIQUER

LES BRIQUES ET LES CARREAUX.

PAR M. E. MARTIN,

PROFESSEUR DE SCIENCES PHYSIQUES.

PARIS,

AUDOT, ÉDITEUR,

RUE DES MAÇONS-SORBONNE, N° 11.

1829.

IMPRIMERIE DE A. HENRY,
Rue Gît-le-Cœur, n° 8.

INTRODUCTION.

L'objet de ce Traité est l'exposition des méthodes les plus judicieuses concernant la préparation de la chaux et du plâtre, et la fabrication des briques et des carreaux. — Ces divers sujets, d'une importance non contestée, intéressent à un haut degré toutes les classes de propriétaires.

—

L'OBJET que nous nous proposons, dans ce Traité, est l'exposition des méthodes les plus judicieuses, concernant la préparation de la Chaux et du Plâtre, et la fabrication des Briques et des Carreaux. Ces divers sujets, d'une importance non contestée, intéressent à un haut degré toutes les classes de propriétaires; et il est peu d'hommes qui ne sentent fréquemment la nécessité d'avoir à cet égard des connaissances précises et bien ordonnées. Le besoin où l'on se trouve journellement de faire usage de la chaux dans les constructions et l'agriculture, la nécessité de savoir en reconnaître la qualité, le prix élevé dont elle est en divers cantons, et la possibilité de la préparer presque partout avec des frais moindres que ceux que l'on y consacre généralement, sont autant de raisons puissantes qui méritent de fixer l'attention, et qui font de la préparation de la chaux, un art dont la connaissance ne saurait être trop répandue. Ce que nous disons de la chaux peut également s'appliquer au plâtre, quoique dans une moindre extension. En effet, si cette dernière substance mérite de jouer un rôle plus important que la chaux dans l'agriculture, ses usages, relativement aux constructions, sont moins étendus; et en outre, comme elle est beaucoup moins répandue dans la nature que la pierre à chaux, sa préparation n'intéresse qu'un moindre nombre de particuliers; mais si les connaissances relatives au choix ou à la préparation de l'une ou l'autre de ces substances présentent un grand intérêt, celui qui se rattache à la fabrication de la brique et de la tuile, n'est ni moins grand ni moins général. Ce dernier objet, qui offre des difficultés plus nombreuses que les premiers, mérite à lui seul une étude et des observations sérieuses; et il constitue l'un des arts les plus utiles de la société. Les peuples anciens qui avaient senti combien cet art était important, en cultivaient les différentes parties avec un degré de perfection remarquable; et si aujourd'hui il n'a pas encore atteint dans la pratique le même degré, il n'en est pas moins un objet d'émulation générale, et il est permis d'espérer qu'avant un petit nombre d'années, il recevra des perfectionnemens remarquables. Les recherches auxquelles on s'est livré depuis quelque tems, et les expériences multipliées que l'on a tentées seront signalées dans notre traité, de manière que l'on en saisisse l'esprit ; mais nous nous appesantirons en particulier sur les procédés dont l'efficacité n'est pas contestée, et nous les décrirons avec assez d'ordre pour que l'on puisse les apprécier ou les répéter.

ART DE PRÉPARER

LA

CHAUX ET LE PLATRE,

ET DE FABRIQUER

LES BRIQUES ET LES CARREAUX.

PRÉPARATION DE LA CHAUX.

La pierre à chaux se rencontre en abondance dans la nature. — Caractères auxquels on la reconnaît. — Moyen facile d'en déterminer le degré de pureté par l'analyse. — Ce qui constitue la différence des chaux grasses et des chaux maigres ou hydrauliques.—Moyen d'obtenir à volonté des chaux hydrauliques. —Ce que l'on entend par le *foisonnement* de la chaux.—Les chaux provenant de calcaires purs et compactes sont celles qui foisonnent le plus. — Raison de ce fait. — La chaux n'est autre chose que du carbonate calcaire dont on a dégagé le gaz carbonique à l'aide d'une élévation de température. — La calcination de la pierre à chaux s'opère dans des fours

1 *

dont la forme peut varier. — Fours à chaux alimentés par le bois.— Prix de revient de la chaux dans différentes localités. — Arrangement de la pierre dans les fours à bois. — Conduite de l'opération. — Caractères de la bonne chaux. —Fours à chaux alimentés par le charbon de terre ou la tourbe. — Dans ces fours, le travail n'est jamais interrompu, et l'on peut retirer de la chaux par le bas, en proportion de la quantité de pierre à chaux qu'on ajoute par le haut.—Conduite de l'opération dans les fours de cette espèce. — Préparation de la chaux sans four.

La chaux, dont la connaissance remonte aux âges les plus reculés, et dont les usages sont si importans et si multipliés dans la société, est une des substances les plus répandues dans les différentes contrées, où on la trouve constamment à l'état de combinaison avec quelque acide. A l'état de carbonate calcaire ou pierre à chaux, elle constitue des couches et des bancs immenses qui sont une des portions les plus considérables de la charpente solide du globe. A l'état de sulfate calcaire, ou pierre à plâtre, elle forme encore plusieurs masses considérables, mais beaucoup moins rapprochées ; et enfin , dans quelques pays, on la rencontre en assez grande abondance, à l'état de phosphate calcaire. On la trouve encore unie à d'autres acides, mais c'est en petite quantité, et disséminée dans le sol ; et il faut avoir recours à des expériences chimiques pour la reconnaître. De ces différentes combinaisons naturelles qui ont pour base la chaux, il n'y a que le carbonate calcaire dont on fasse usage pour se procurer toute la quantité de cette substance dont on a besoin; et la calcination est l'opération à laquelle on a recours pour convertir ce carbonate calcaire, ou pierre à chaux en chaux vive. Cette opération est d'une grande importance, eu égard aux usages mutipliés de la chaux; mais pour faire sentir de quelle manière il est le plus convenable d'y procéder, nous croyons utile de présenter quelques observations préliminaires sur les caractères de la pierre à chaux.

Le carbonate calcaire se rencontre en grande abondance dans la nature ; mais son aspect et ses propriétés physiques ne sont pas les mêmes partout. Tantôt il est dur, compacte et diversement nuancé, comme dans les marbres ; tantôt il est poreux et friable, comme dans les craies, et tantôt enfin il a une dureté et une consistance moyenne avec une teinte uniforme de blanc ou de blanc jaunâtre, comme dans la pierre à bâtir. Dans ces divers états, il est également susceptible de se transformer en chaux, à l'aide d'une élévation de température qui dégage le gaz carbonique, et isole l'élément calcaire ; mais comme il n'est pas toujours également pur, les propriétés de la chaux que l'on obtient ne sont pas toujours parfaitement comparables, de telle sorte que quelques espèces de chaux triplent leur volume à l'extinction, pendant que d'autres ne l'augmentent que d'un cinquième. Cette augmentation de volume que la chaux est susceptible d'acquérir, est ce que l'on nomme *foisonnement* ; de là le nom de *chaux grasses* que l'on a donné à celles qui foisonnent le plus, et celui de *chaux maigres* que l'on a donné aux autres. Les premières sont produites constamment par la calcination des calcaires purs, comme sont les marbres, et en général tous les calcaires durs, pesans et à cassure vitreuse ; et les secondes proviennent de la calcination des calcaires tendres et impurs qui contiennent des proportions variables d'autres oxides terreux.

Ces deux espèces de chaux jouissent de propriétés très-distinctes : les chaux grasses, provenant de calcaires purs, sont précieuses pour les constructions ordinaires, à cause de leur foisonnement; mais elles sont tout-à-fait impropres aux constructions hydrauliques, parce qu'elles n'ont pas, comme les chaux maigres, la propriété de durcir dans l'eau et de n'absorber, dans toutes les circonstances, que la quantité de ce liquide qu'elles peuvent solidifier. Ces dernières chaux, au contraire, sont peu employées dans les constructions ordinaires, parce qu'elles y sont de peu de profit; mais on les emploie exclusivement dans les construction hydrauliques, parce que, pour en obtenir le meilleur ciment, il n'est besoin que de les mêler au sable commun.

Cet aperçu sur les propriétés de la chaux nous a paru nécessaire pour éclairer les opérations du chaufournier, qui doit savoir comment il peut obtenir l'espèce de chaux appropriée à chaque genre de construction. Mais il ne nous suffit pas de dire que ce sont les calcaires purs qui produisent constamment des chaux grasses, et que les calcaires impurs produisent au contraire des chaux hydrauliques, il faut encore que nous disions à quels signes on peut reconnaître le degré de pureté des divers calcaires. Quoique la dureté, la pesanteur et le brillant dans la cassure soient des indices assez peu trompeurs de la pureté du carbonate calcaire, on aurait tort néanmoins de s'en rapporter aveuglément à ces seuls indices, car il n'y a que l'analyse chimique qui puisse permettre de prononcer avec certitude. Cette analyse peut se faire avec une grande facilité, lorsqu'on n'a pour objet, comme dans ce cas, que de constater la proportion des matières étrangères contenues dans le carbonate. Il suffit en effet de concasser un morceau de pierre en menus fragmens, et de l'introduire par portion dans un vase de verre ou de terre vernissée où l'on a mis une quantité suffisante d'acide hydrochlorique (muriatique, ou esprit de sel). Cet acide attaque aussitôt la pierre, et si elle s'y dissout sans résidu, c'est un signe qu'elle est sensiblement pure ; dans ce cas, elle n'est susceptible de produire que de la chaux grasse. Si, au contraire, il y a un résidu considérable, c'est un signe qu'elle est fort impure, et on ne peut en espérer qu'une chaux maigre ou hydraulique, foisonnant très-peu.

Les matières étrangères que l'on trouve ordinairement associées à la pierre à chaux, et qui lui donnent la propriété de se convertir en chaux hydraulique, sont la silice, seule ou mélangée avec l'alumine, et quelquefois le carbonate de magnésie et les oxides de manganèse ou de fer ; mais, quoique l'on sache que la présence de ces matières détermine constamment les propriétés qui distinguent les chaux hydrauliques, il n'en est pas moins vrai que l'examen de leur proportion ne saurait être un indice suffisant pour assigner d'une manière certaine le rang relatif des différentes espèces de chaux, et qu'en cela, quoique l'on puisse être aidé de la théorie, on ne peut cependant tirer des lumières complètes que de la pratique.

Comme l'emploi des chaux grasses et hydrauliques est subordonné à la nature des constructions que l'on a en vue, on conçoit qu'il est d'une grande importance pour les chaufourniers de pouvoir préparer ces différentes espèces de chaux, toutes les fois que l'occasion le réclame. Si tous les calcaires de la contrée sont impurs, il faudra bien qu'ils se résignent à ne préparer que des chaux maigres et foisonnant peu, qui, alliées avec le sable commun, seront employées indifféremment pour tous les travaux ; mais, s'ils ont à leur portée différens calcaires, en mélangeant un calcaire pur avec un calcaire fortement argileux, ils obtiendront une chaux moyenne qui se rapprochera plus ou moins des chaux très-grasses ou des chaux éminemment hydrauliques, selon que l'un ou l'autre calcaire sera plus ou moins dominant. Quelques essais, dans les différentes localités, les mettront bientôt en état d'opérer avec un discernement toujours suffisant.

Lorsqu'il ne se trouve pas dans une contrée de calcaire impur qui seul, ou mêlé à d'autres calcaires, paraisse propre à être converti en chaux hydraulique, on peut encore obtenir cette dernière espèce de chaux, à l'aide d'un calcaire tendre que l'on pulvérise grossièrement, et que l'on calcine après l'avoir formé en

pelotes, en le mélangeant avec une certaine quantité d'argile. Lorsque le calcaire tendre est très-pur, l'argile employée peut s'élever au quart de son
poids ; mais, lorsqu'il contient une certaine portion d'oxide terreux , il faut
avoir soin d'en employer beaucoup moins,
et de faire en sorte que le mélange que
l'on calcine contienne toujours les trois
quarts ou les quatre cinquièmes de calcaire pur.

L'emploi de l'acide hydrochlorique,
de la manière que nous avons indiquée
plus haut, ou seulement d'un vinaigre
très-actif , est suffisant pour que l'on
puisse facilement déterminer la quantité de matière argileuse à ajouter au
calcaire tendre qu'on veut employer. En
effet, on verse un excès d'acide sur une
petite portion de pierre à chaux pulvé-
risée , et lorsque la dissolution de la
matière calcaire est complète, et qu'il
ne se produit plus de bouillonnement ,
on recueille le résidu insoluble , et son
poids, comparé à celui de la pierre à
chaux qu'on a fait dissoudre , indique
quelle est la quantité d'argile qu'il faut
ajouter, pour que le poids total des ma-

tières étrangères s'élève au cinquième,
ou au quart du calcaire pur.

Les détails dans lesquels nous venons
d'entrer, nous semblent suffire pour ex-
pliquer à l'aide de quelles pratiques le
chaufournier peut préparer des chaux
hydrauliques toutes les fois que le besoin le réclame. Quant aux chaux grasses, on ne les obtient que par la calcination d'un calcaire pur, et conséquemment on ne les peut préparer qu'autant
qu'on peut disposer d'un calcaire de
cette espèce; mais ces dernières sortes
de chaux peuvent être remplacées dans
tous les ouvrages par des chaux maigres, et si elles sont plus avantageuses
que celles-ci dans de certains cas, leur
nécessité n'est pas du moins absolue.

L'art du chaufournier possède donc
des moyens pour préparer à volonté les
différentes espèces de chaux nécessaires
pour les constructions de différens gen-
res, et susceptibles de produire constamment l'effet désiré, en les alliant simplement avec un gravier siliceux. Il serait à
souhaiter que ceux qui dirigent chaque
four, se familiarisassent avec ces notions,
et qu'ils se rendissent capables de four-

nir aux constructeurs des chaux hydrauliques, toutes les fois qu'elles leur seraient demandées. Ils éviteraient par là
aux propriétaires des frais importans ;
car il est beaucoup plus dispendieux de
se procurer les matériaux qui sont susceptibles de former des mortiers hydrauliques, avec les chaux grasses, qu'il ne
l'est de préparer immédiatement des
chaux hydrauliques. Notre objet n'étant
pas de nous étendre davantage sur cette
matière, nous allons dire un mot de la
propriété de la chaux, connue sous le
nom de *foisonnement*, après quoi nous
nous occuperons immédiatement des détails relatifs à la calcination de la pierre
à chaux.

Lorsque l'on associe la chaux avec les
matières propres à composer du mortier
par leur mélange avec cette substance,
le volume que l'on emploie est d'autant
moindre qu'elle est plus dense, parce
qu'elle agit en raison de son poids, c'est-
à-dire, en raison de la quantité des parties caustiques qu'elle contient, sous un
volume donné. Ainsi, la chaux produite
par un pied cube de marbre sera susceptible de saturer beaucoup plus de sable
que celle que l'on pourrait obtenir d'un

pied cube d'un autre calcaire également pur, mais plus léger, et, à plus forte raison, d'un même volume de calcaire impur. Cette propriété de la chaux de saturer une grande quantité de sable lors de la préparation du mortier, est ce que l'on nomme *foisonnement*; et l'on conçoit, après les explications précédentes, que si les calcaires durs foisonnent beaucoup lorsqu'ils sont convertis en chaux, c'est qu'ils contiennent une grande quantité de matière sous peu de volume, et qu'en outre ils sont ordinairement bien plus purs que les calcaires légers. Les chaux grasses qui proviennent de ces calcaires, demandent à être associées, lors de la préparation du mortier, non pas à un sable fin et entièrement siliceux, mais à un sable à gros grains, et contenant une assez forte proportion d'alumine ou d'autres oxides. Par ce moyen on peut en obtenir de fort bons mortiers, et mettre à profit la propriété qu'elles ont d'*abonder* beaucoup.

La manière dont la chaux se comporte lors de l'extinction, permet de reconnaître facilement si elle doit ou non foisonner. En effet, le volume des chaux maigres, produites par un calcaire impur et

léger, n'augmente que peu, et quelquefois pas du tout, lorsqu'on les soumet à
l'extinction ordinaire; pendant que le
volume des chaux grasses, produites par
un calcaire pur et compacte, augmente
beaucoup lors de l'extinction, et souvent
est plus que doublé. Le foisonnement de
cette dernière espèce de chaux ayant toujours lieu, quoique dans des limites un
peu variables, il s'ensuit qu'il y a un
grand avantage à la préparer, d'autant
que la quantité de combustible qu'elle
nécessite n'est guère plus grande que
celle qu'on est obligé d'employer pour
les calcaires les plus poreux. Ainsi, l'on
peut établir en général, comme vrai,
que, pour la préparation de la chaux
destinée aux constructions ordinaires,
il faut faire choix d'une pierre à chaux
dure et pesante, et à cassure vitreuse, et
cela, parce qu'elle contient une grande
quantité de matière calcaire sous peu de
volume, et que la calcination en est
proportionnellement moins dispendieuse.

La pierre à chaux, ou carbonate calcaire, dont on retire depuis un tems
immémorial toute la chaux dont on fait
usage, est un composé formé d'un oxide

métallique qu'on appelle chaux, et qui
jouit de propriétés alcalines, et d'un acide
appelé carbonique qui en neutralise les
propriétés de cet oxide, et le constitue
pierre à chaux. La calcination est l'opération employée pour séparer ces deux
élémens, c'est-à-dire faire prendre à
l'acide carbonique l'état gazeux, et obtenir ainsi l'élément calcaire dans un
état d'isolement où il est propre à faire
pâte avec l'eau, et à s'associer avec différentes sortes de sable pour la composition des mortiers. Cette calcination
s'opère de différentes manières, selon la
nature du combustible que l'on emploie; mais, en général, elle a lieu dans
des fours de forme ovoïde, toutes les
fois que l'on se sert de bois ou de tourbe.
La hauteur de ces fours (*fig.* 1re) (1),

---

(1) Explication de la *fig.* 1.

C C. Cendrier souterrain.

V V. Voûte percée de trous dans la partie
qui est au-dessous du foyer.

S S. Ligne horizontale tirée à fleur de sol.

P. Porte du four que l'on ferme en partie
après le chargement du four, et par laquelle
on introduit le combustible dans le foyer F.

quoique variable dans différentes localités, est assez communément de quinze
à dix-huit pieds, pendant que leur largeur est de dix à douze. Leur sommet
porte une ouverture de deux pieds de
diamètre, par où s'échappe la fumée et
la flamme; et leur base repose sur une
voûte en briques, au-dessous de laquelle
est le cendrier, et qui est percée de plusieurs trous, par lesquels arrive l'air
nécessaire à la combustion. Le cendrier
est ordinairement au-dessous du sol, et
on y descend par quelques marches;
quant à la porte du four, elle est placée
immédiatement au-dessous de la voûte
qui sert de grille, et au rez du sol.
C'est par cette porte que l'on introduit
le combustible; et ses dimensions qui
sont souvent de trois pieds de large sur
quatre de haut, sont réduites au tiers
pendant la calcination, à l'aide d'une
maçonnerie grossière d'une durée tem-
poraire.

Les fours dont nous venons de parler sont construits en brique. Leur
forme extérieure est celle d'un gros cy-
lindre court, un peu élargi à la base,
et le mur qui en forme le revêtement
est d'une grande épaisseur. Ce mur est

toujours revêtu en brique des deux côtés ; mais sa partie massive est souvent
de pierre et d'argile.

Le chargement d'un four de cette espèce étant une chose fort importante,
voici comment on y doit procéder. On
commence par choisir de grosses pierres
que l'on dispose en voûte au-dessus de
la grille, de manière que les matières
combustibles puissent être introduites facilement par une ouverture latérale de
cette voûte correspondant à la porte du
four. Lorsque cette voûte est formée,
on continue de placer des pierres au-
dessus, dans toute la largeur du four ;
mais ces pierres sont beaucoup plus petites que les premières, et à mesure que
l'on s'élève on les choisit de moins en
moins grosses, de manière que vers le
sommet elles ne sont guère plus grosses
qu'un œuf. Quand le four est plein, on
peut aussitôt commencer le feu.

Dans la plus grande partie de la
France, on se sert de menus bois, fagots ou bourrées ; mais on pourrait également employer la tourbe. Le feu est
introduit par la porte du four, et on le
conduit de telle sorte que la calcination
se trouve entièrement opérée au bout

de vingt-quatre ou trente heures. A ce point, il ne s'échappe plus de fumée par la cheminée du four, mais une flamme vive et claire qui est un indice que tout le carbonate est décomposé. Un four de quinze pieds de haut et de dix de large, de la contenance de trois à quatre cents hectolitres, consomme à chaque fournée environ douze à quatorze cents bourrées du poids de douze à quinze livres chacune. Le prix des bourrées varie selon les localités ; mais dans les pays où elles coûtent de 25 à 3o francs le cent, l'hectolitre de chaux se vend de 3o à 4o sous. En général, il faut vingt-deux parties de fagots en volume pour cuire une partie de chaux. Si l'on employait des fascines de genêts ou bruyères, il en faudrait une trentaine de parties ; mais il n'en faudrait qu'une partie et demie, si c'était du bois de corde ; une partie un quart, si c'était de bonne tourbe, et un tiers de partie, si c'était du charbon de terre.

Le bois de corde étant toujours proportionnellement plus cher que les fagots de menu branchage, du moins relativement à l'effet que l'on peut en obtenir dans ces circonstances, il s'ensuit que, dans toutes les localités, on emploie les fagots de préférence pour la calcination de la chaux, à moins que l'on ne puisse se procurer de la tourbe ou de la houille à un prix proportionnellement plus avantageux. Dans tous les cas, pour trouver quelque bénéfice à la préparation de la chaux, il faut que le prix total du combustible employé ne s'élève au plus qu'aux deux tiers de celui auquel il est possible de vendre la chaux que ce même combustible sert à préparer ; encore doit-on supposer que le four est bâti près d'une carrière, et que l'on ne calcine que des débris qui ne pourraient être utilisés pour les constructions.

Nous venons de voir de quelle manière on doit procéder, lorsqu'on fait usage de menus branchages pour la calcination de la chaux : on pourrait opérer de même si l'on employait de la tourbe ; seulement, il conviendrait que les fours fussent plus larges et moins élevés ; mais il faudrait une construction de four différente si l'on voulait employer du charbon de terre. Nous parlerons plus bas de différentes sortes de fours dans lesquels on peut faire usage de ce combustible ; nous allons continuer maintenant nos observations sur les fours et sur la chaux en général.

Comme une légère augmentation dans la main-d'œuvre pourrait suffire pour absorber tous les bénéfices de l'opération, on a soin de construire le four près de la carrière, afin d'éviter les frais de transport, et on l'adosse à une petite éminence pour que le chargement puisse se faire sans difficulté, à l'aide d'un chemin que l'on ménage jusqu'au haut du four. En effet, c'est par l'orifice supérieur, ou la cheminée, que le chargement se pratique : on commence, à la vérité, en introduisant par la porte les premières pierres ; mais dès que la voûte dans laquelle on doit allumer le feu est finie, on reçoit les pierres d'en haut, et on continue de les ranger en montant jusqu'à ce que le four soit rempli. Dans l'usage ordinaire, on emploie les pierres sans les humecter, et il n'y a pas d'inconvénient tant que le combustible est en menu bois, parce que ce bois est ordinairement un peu vert, et qu'il s'en dégage un peu d'humidité dans la combustion ; mais si l'on employait de la tourbe, du charbon de terre, ou seulement du bois sec, il y aurait de l'avantage à mouiller un peu les pierres avant que de les placer ; parce que l'humidité, agissant concurremment avec la chaleur, favorise le dégagement du gaz carbonique, et permet ainsi d'économiser une certaine quantité de combustible.

Dans tous les cas, lorsque la pierre à chaux est calcinée, on suspend le feu, et on laisse le four se refroidir avant de le décharger. La chaux que l'on en retire est placée dans des tonneaux, en lieu sec, et on l'y conserve jusqu'à l'emploi, c'est-à-dire, seulement pendant quelques jours ; car, en général, on ne prépare la chaux qu'à mesure que le besoin s'en fait ressentir.

La pierre à chaux, ou carbonate calcaire, diminue de poids par l'effet de la calcination qu'on lui fait subir pour la transformer en chaux, et cette diminution, qui doit être attribuée au dégagement de l'acide carbonique et à la vaporisation d'un peu d'eau, s'élève communément au tiers de son poids. Dans les chaux grasses, elle est quelquefois plus considérable ; mais il est rare qu'elle s'élève jusqu'à la moitié, parce que le gaz acide qui se dégage ne fait guère que le tiers du poids de la pierre à chaux. La légèreté relative est donc un indice propre à faire reconnaître le degré auquel la calcination a été portée; mais on reconnaît encore mieux la bonne qualité de la chaux à la promptitude avec laquelle elle fuse dans l'eau, et à la quantité de chaleur qu'elle y développe. La bonne chaux doit être en outre sèche et sonore, avoir une saveur âcre très-forte, et ne pas faire effervescence avec les acides. Ces qualités sont d'une grande importance, et il est toujours utile de les constater. Du reste, ce à quoi l'on doit peut-être le plus s'attacher dans la préparation de la chaux, c'est à la conduite du feu. En effet, si la température est trop basse, les parties intérieures ne sont pas atteintes, et conservent tous les caractères de la pierre à chaux; mais si elle est, au contraire, portée trop haut, on peut tomber dans un inconvénient non moins grand; car si le calcaire que l'on calcine est impur, il éprouve un commencement de fusion, et la matière demi-vitrifiée qui en provient, n'est plus propre à faire pâte avec l'eau.

Après les détails dans lesquels nous sommes entré sur les qualités des divers calcaires, les propriétés de la chaux, et la manière de procéder à la calcination, dans les fours de forme elliptique, il ne nous reste plus, pour compléter cet article, qu'à parler des différentes sortes de fours en usage dans divers pays, et propres à la préparation de la chaux au moyen du charbon de terre ou de la tourbe.

En Irlande, on calcine la pierre à chaux dans des fours dont la forme se rapproche de ceux dont nous avons déjà parlé, seulement ils sont plus ouverts par le haut, comme on le voit, *fig.* 2, et ils n'ont pas de cendrier. Leur partie inférieure, enfoncée en terre, porte une ou deux grandes ouvertures par lesquelles on retire la chaux, et que l'on ferme en partie, lorsque le feu paraît trop ardent. Voici de quelle manière on conduit la calcination dans ces fours à chaux. On commence par jeter au fond quelques bourrées et quelques mesures de tourbe; et quand le feu est bien allumé on y jette une petite quantité de pierre calcaire concassée en morceaux gros comme un œuf. Dès ce moment, on continue de charger le four en ajoutant de la pierre concassée et de la tourbe, dans les proportions convenables; mais lorsqu'il est plein, on commence à retirer de tems en tems de la chaux par le bas, tout en continuant d'ajouter au haut de la pierre et du combustible, de telle sorte que le travail n'est pas suspendu et qu'il se produit toujours de la chaux. Un four pareil ne fonctionne pas moins bien avec du charbon de terre qu'avec de la tourbe; seulement quand c'est du charbon de terre, il n'en faut employer, suivant sa bonté, qu'une mesure contre trois ou quatre mesures de pierre, tandis qu'il faut au moins une mesure d'excellente tourbe pour calciner une mesure de pierre. Dans tous les cas, si le feu paraissait tour à tour aller trop fort ou se ralentir, on conçoit qu'on pourrait le diriger à son gré, en touchant aux ouvertures du bas.

Entre les fours de diverses formes que l'on construit en Angleterre, en Flandre et en France pour la calcination de la chaux, le suivant (*fig.* 3) nous paraît digne de remarque par la simplicité de sa construction. Il offre de grands traits de ressemblance avec le four précédent; mais il en diffère cependant par quelques points importans. La ligne A A représente le niveau du sol. La partie *b*, qui est au-dessus, est entièrement cylindrique, et la partie *c*, qui est au-dessous, a la forme d'un entonnoir : *o* est l'orifice latéral par lequel on retire la chaux, et *v v* la voûte souterraine qui y conduit. Un semblable four peut être employé, comme le précédent, à calciner la pierre à chaux avec le charbon de terre ou la tourbe, et il fonctionne de même sans interruption. Les dimensions les plus convenables sont seize à dix-huit pieds de hauteur totale, deux pieds de diamètre à la base, et cinq à six dans le haut. Cependant ces dimensions peuvent être beaucoup plus considérables, pourvu que l'on se conforme aux proportions indiquées. Quelquefois aussi on trouve de l'avantage à pratiquer plusieurs ouvertures à la base. Elles permettent d'entretenir une combustion plus active, et on peut les rétrécir, ou même les fermer tout-à-fait lorsque l'on veut arrêter la calcination, ce que l'on fait ordinairement toutes les fois que les demandes de chaux se ralentissent. Dans ce cas, on peut suspendre le travail pendant plusieurs jours ; et, au bout d'une semaine, les pierres du haut conservent encore assez de chaleur pour que le feu puisse se rallumer aisément. Voici du reste comment l'opération se conduit : lorsque le feu a été allumé, à l'aide de branchages secs et de charbon concassé, on commence à y jeter alternativement de la pierre et du charbon, dans les proportions convenables, et on réitère ces chargemens chaque fois qu'on voit rougir faiblement la dernière couche de pierres. Quand le four est plein, ce qui arrive au bout de quatre jours environ, on commence à retirer de la chaux par la partie inférieure. La chaux tombe par son propre poids, au fur et à mesure qu'on en retire; et comme on ajoute constamment de la pierre et du charbon par le haut, on retire aussi de la chaux par le bas sans interruption. Dans quelques endroits, on fait trois ou quatre chargemens de matières par jour; et l'addition de la pierre à chaux et du charbon est tellement calculée que ces trois ou quatre chargemens ne font à peu près que le quart de la capacité totale du four. De cette manière, un four, de la contenance de quatre cents hectolitres, peut produire cent hectolitres de chaux chaque jour. Nous remarquerons qu'il y a de l'avantage à humecter le charbon et même la pierre avant que de la jeter dans le four. Il faut aussi que les couches de ces substances soient toujours d'égale épaisseur.

Les fours à chaux dont nous venons de parler, et dans lesquels le charbon de terre ou la houille sont employés comme combustibles, présentent de grands avantages sur les fours à bois, à cause de la continuité du travail; mais, d'un autre côté, il faut avouer que leur conduite est plus difficile, et que la chaux que l'on prépare de cette manière est moins bien cuite que celle que l'on prépare au moyen du bois. Ainsi elle présente plus de *biscuit*, c'est-à-dire plus de parties que la calcination n'a pas atteintes, et dont le gaz carbonique n'est pas dégagé; elle présente aussi plus de parties vitrifiées, qui ne sauraient faire pâte avec l'eau, et qui proviennent d'une élévation trop considérable de température. Du reste, on ne peut pas dire, en général, qu'elle soit moins bonne; car au contraire, les cendres de charbon de terre et de tourbe modifient avantageusement par leur mélange les propriétés des chaux grasses.

Les fours à chaux où l'on emploie pour combustible le charbon de terre ou la tourbe, et qui sont construits de manière que le travail n'y soit jamais suspendu, sont d'une conduite assez difficile, par suite de la nécessité où l'on est de ne faire les chargemens qu'en tems opportun, et de veiller à ce que la combustion soit toujours égale. Les ouvertures par lesquelles on retire la chaux, servent de registres pour activer ou ralentir le feu, suivant le besoin; et le nombre en est variable selon leur grandeur, selon la grosseur des pierres, et selon la qualité du charbon ou de la tourbe. Un chaufournier intelligent ne tarde pas à savoir comment il doit faire dans tous les cas, et quelle quantité d'ouvertures il doit supprimer ou pratiquer, pour que la calcination soit toujours égale autant que possible.

La forme des fours est différente dans presque tous les pays; mais comme ces différences sont peu importantes, en général, ou même qu'elles entraînent souvent de nouveaux inconvéniens, nous nous contenterons de signaler quelques perfectionnemens introduits dans la construction des fours où l'on brûle la tourbe dans un foyer unique, comme le bois, et sans la mêler à la pierre. Nous parlerons ensuite des moyens que l'on peut mettre en usage pour cuire la chaux sans four ; et c'est par là que nous terminerons cet article.

Les fours à tourbe ne diffèrent, en général, des fours à bois, que parce qu'ils sont proportionnellement plus larges et moins élevés. Du reste, leur forme est ordinairement elliptique ; ils ont, comme les fours à bois, un cendrier enfoncé sous terre ; mais leur grille, au lieu d'être formée par une voûte en briques percée de trous, est en fortes barres de fonte. Du reste la chaux y est également disposée en voûte au-dessus du foyer. Seulement on forme quelquefois deux voûtes au lieu d'une, à cause de la largeur des fours. Quant à la manœuvre, elle est à peu près la même que celle des fours à bois ; on allume la tourbe avec de la paille et du menu bois ; on tient le feu un peu sur le devant du foyer, et on l'alimente en y ajoutant de la tourbe d'heure en heure : d'heure en heure aussi, on retire la cendre accumulée dans les cendriers, et qui, en les obstruant, ralentirait en peu de tems la combustion. Lorsque la tourbe est brune et que l'on pousse le feu un peu vivement, la calcination s'opère en vingt-huit à trente heures comme avec le bois; mais si la combustion languit tant soit peu, il faut plus long-tems. MM. Deblinne et Donop donnent à leurs fours une forme qui paraît avantageuse. Les parois intérieures au-dessus du gril représentent un cône tronqué surmouté d'une voûte surbaissée, percée dans son milieu d'une ouverture qui sert de cheminée. Ces fours n'ont qu'une grille, et le tems de la calcination, quand la tourbe est bonne, est le même qu'avec le bois.

Dans quelques circonstances, on peut avoir besoin de préparer de la chaux sans four, et comme la chose est très-praticable, voici de quelle manière on peut opérer : on commence par stratifier sur le sol du charbon de terre et des pierres concassées de grosseur égale, et l'on dispose ces couches de manière à donner à la masse qui en résulte la forme d'un cône tronqué, dont la surface extérieure est revêtue de pierres beaucoup plus grosses que toutes les autres. A la base de ce cône, on ménage une rigole que l'on remplit de bois sec, et qui aboutit au centre du tas, où on laisse quelquefois un petit espace également rempli de copeaux. Ces précautions prises, on recouvre toute la partie supérieure du cône d'une couche de glaise de deux à trois pouces, et l'on attend que la partie inférieure soit bien embrasée pour la recouvrir également. Cependant on fait cet enduit avec moins de soin pour les assises inférieures, afin que l'air puisse encore pénétrer et alimenter la combustion. A ce terme, la seule précaution que l'on doive avoir est de boucher les fissures qui se forment sur le pourtour, et d'abriter le tas du côté du vent avec des planches ou des toiles. Le feu dure de la sorte cinq ou six jours, quand la masse est un peu considérable; et on n'enlève la chaux qu'après un nouveau délai, lorsque le tout est bien refroidi. Les pierres de la surface n'étant pas suffisamment calcinées, sont placées au centre d'un nouveau monceau.

La préparation de la chaux, par le procédé que nous venons d'indiquer, est d'une grande simplicité. Mais ce à quoi on doit surtout s'attacher, c'est à abriter le monceau du côté du vent, et à boucher les fissures partout où la combus-

tion devient trop active. En effet, quoi-
qu'un petit nombre de fissures soit nécessaire pour donner accès à la quantité
d'air suffisante, et faciliter le dégagement du gaz carbonique, un trop grand
nombre, en déterminant une chaleur
trop intense, causerait la vitrification de
la pierre, si le calcaire n'était pas pur ;
et les parties frittées, comme on sait,
ne seraient plus propres à faire pâte avec
l'eau. Du reste, on pourrait se dispenser
de laisser un noyau au centre, et il n'en
résulterait d'autre inconvénient que celui d'allumer le feu avec plus de peine.

La meilleure houille dont on puisse
faire choix pour une opération de cette
nature, est une houille sèche, s'ag-
glutinant peu, et préférable par là
à la houille grasse. D'ordinaire on l'hu-
mecte légèrement avant que de l'employer, à moins que les pierres ne soient
elles-mêmes récemment extraites de la
carrière et encore humides.

PRÉPARATION DU PLATRE.

Propriétés comparées de la chaux et du plâtre·
—La préparation du plâtre est d'une importance beaucoup moins générale que celle de
la chaux. — Différentes espèces de plâtre. —
La vaporisation de son eau de cristallisation
est ce qui donne au plâtre la propriété de se
gâcher.—Le plâtre doit être conservé à l'abri
de l'humidité. — Analyse de la pierre à plâtre. — Calcination de la pierre à plâtre. —
Elle s'opère avec plus de facilité à l'aide du
bois, qu'à l'aide du charbon de terre ou de
la tourbe. — Elle demande une température
moins élevée que celle de la pierre à chaux.
— Elle a lieu dans des fours qui peuvent
avoir des formes très·variées.

Le sulfate calcaire, gypse ou pierre à
plâtre, se trouve en abondance dans la
nature; mais il y est beaucoup moins
répandu cependant que la pierre à
chaux, et il y a des provinces très-
considérables où on ne l'a jamais ren-
contré. Cette rareté relative est une

des causes qui font que le plâtre est d'un usage moins universel que la chaux; en outre les effets de ces deux substances ne sont pas parfaitement comparables. La chaux, alliée à l'élément siliceux, dans des proportions convenables, donne naissance, dans de certaines circonstances, à un composé totalement inaltérable à l'air et à l'eau; le plâtre, au contraire, résiste peu aux atteintes de l'humidité; et au bout d'un petit nombre d'années se désaggrége et s'effeuille. Ces différences dans leurs propriétés principales, indiquent quelle doit être principalement leur destination dans les constructions. La chaux l'emporte par les avantages qu'elle présente, et doit être employée exclusivement, toutes les fois qu'il s'agit de constructions importantes ou extérieures, pour lesquelles on demande de l'inaltérabilité et de la durée; et le plâtre doit être préféré à son tour pour les objets d'ornement, les cloisons légères et les enduits à l'intérieur. En considérant donc ces deux substances sous ce point de vue, le premier rang, relativement à l'importance, appartient évidemment à la chaux; mais ce n'est pas pour cette raison que nous consacrerons au plâtre de moindres détails que ceux qui ont trouvé place dans l'article précédent, c'est parce qu'il est beaucoup plus rare que la chaux, et que sa préparation, beaucoup plus facile, ne se pratique que dans très-peu de cantons, et n'intéresse qu'un moindre nombre de particuliers. Après ces observations qui rendent raison du plan que nous avons adopté dans ce Traité, nous allons exposer succinctement tout ce que nous nous proposons de dire au sujet du plâtre.

Le sulfate de chaux se présente sous des aspects très-divers dans la nature. Quelquefois il affecte une forme cristalline très-prononcée; d'autres fois sa structure est fibreuse, d'autres fois elle est lamelleuse, d'autres fois enfin elle est grenue et compacte. C'est dans ce dernier état qu'il est le plus abondant, et qu'on le désigne plus particulièrement sous le nom de pierre à plâtre ; la calcination lui fait perdre sa couleur, qui varie communément du blanc au blanc jaunâtre, au gris, au jaune rougeâtre, et le rend propre, après avoir été réduit en poudre, à absorber une certaine quantité d'eau, et à se solidifier en très-peu de tems. Le sulfate de chaux, ainsi calciné, prend le nom de plâtre.

Le plâtre dont on fait le plus d'usage dans les constructions, est de trois sortes. La première provient d'un sulfate calcaire d'un jaune luisant, transparent et feuilleté, et à peu près pur, qui blanchit singulièrement par l'action du feu. Elle est fine, douce, luisante et réservée principalement pour les figures, modèles et ornemens de sculpture ; la seconde provient d'un sulfate blanc, rempli de veines entièrement transparentes ; elle est fort bonne, mais moins belle que la précédente ; la troisième enfin est beaucoup moins blanche, et provient d'une pierre grise ; mais elle réussit très-bien à l'emploi.

L'examen chimique des différentes sortes de plâtre a fait reconnaître que lorsque le sulfate calcaire était pur, le plâtre qui en provenait était doux, fin et luisant, et très-propre à tous les objets d'ornemens, mais qu'il n'était susceptible d'acquérir une grande dureté, et d'être employé avec succès dans les gros ouvrages, que lorsqu'il contenait dix ou douze pour cent de son poids de carbonate de la même base. On a reconnu aussi que la calcination n'avait pour effet que de priver le sulfate calcaire de son eau de cristallisation, qui fait le cinquième de son poids total, et que la propriété dont jouit le plâtre de solidifier une certaine quantité d'eau quand il est gâché, provenait de son affinité pour ce liquide, et de la faculté qu'il a, lorsqu'il en est abreuvé, de l'absorber et de se grouper en cristaux confus et irréguliers.

La vaporisation de l'eau de cristallisation du sulfate calcaire ayant pour objet de lui communiquer une grande affinité pour ce liquide, et de le rendre propre à en absorber une certaine quantité, on conçoit aisément que l'exposition à l'humidité, ou seulement à l'air libre, ne tarde pas à faire perdre au plâtre la propriété de se gâcher; en conséquence, on ne peut le conserver, avant l'emploi, que dans un lieu sec et dans des tonneaux. Cette propriété de se gâcher se perd encore lorsqu'on expose le plâtre à une trop haute température durant la calcination. En effet, on lui fait éprouver alors un commencement de vitrification, et, dans cet état, il n'est plus propre à faire corps avec l'eau, n'ayant plus aucune affinité pour ce liquide.

Comme nous avons dit que le plâtre était susceptible de devenir beaucoup plus dur lorsqu'il contenait une certaine quantité de carbonate calcaire, nous allons indiquer de quelle manière il faut opérer pour reconnaître la présence de cette substance dans la pierre à plâtre. On commence par peser exactement une certaine quantité de pierre à plâtre réduite en poudre. On introduit cette poudre dans un vase de terre vernissé ou de verre, et on verse par-dessus une demi-partie d'acide nitrique étendu de trois ou quatre fois son poids d'eau. Au bout de quelques heures on décante la partie liquide en penchant le vase, et on lave plusieurs fois le dépôt avec de l'eau, en laissant reposer chaque fois, avant que de séparer par décantation la partie liquide. Quand l'eau de lavage ne paraît plus acide à la bouche, on fait sécher le dépôt sur un papier, et la diminution de poids qu'il a éprouvée, lorsqu'il est bien sec , indique la quantité de carbonate calcaire contenue dans la pierre à plâtre.

Lorsque l'on a reconnu la qualité de

la pierre à plâtre, et que l'on se propose de la rendre propre à être employée, on la soumet à l'action d'une chaleur modérée, qui a pour effet de vaporiser toute l'eau qu'elle retient en combinaison. Par cette opération, le plâtre devient susceptible d'absorber et de solidifier un volume d'eau égal au sien, et il ne reste plus, avant que de l'employer, qu'à le diviser et à le réduire en poudre à l'aide de battes ou de moulins.

La calcination du plâtre ne peut présenter aucune difficulté si l'on a lu avec attention ce que nous avons dit relativement à la calcination de la pierre à chaux. En effet, on peut opérer de même pour ces deux substances, en observant cependant que le plâtre ne demande qu'un degré de chaleur beaucoup moins actif, et que l'on doit craindre de lui faire éprouver une demi-vitrification. Cette nécessité de ne recourir qu'à une chaleur modérée, empêche que l'on ne puisse calciner avec avantage la pierre à plâtre ou plâtre cru, à l'aide de charbon de terre que l'on mélangerait à la pierre dans de certaines proportions, comme cela se fait souvent pour la chaux. Il est beaucoup mieux de placer le combustible dans un foyer; et, quoique l'on puisse employer le charbon de terre ou la tourbe pour cuire le plâtre, il est certain que le bois produit de meilleurs effets, parce que sa flamme pénétrant dans toute la masse qui lui est soumise, porte partout une chaleur plus égale et plus convenable pour l'objet que l'on se propose.

La calcination de la pierre à plâtre demandant une température beaucoup moins élevée que celle de la pierre à chaux, la construction des fours à plâtre est ordinairement beaucoup plus simple et beaucoup moins dispendieuse que celle des fours à chaux; on peut dire même que toutes les dispositions sont bonnes pour cuire le plâtre. La précaution principale est de ranger les pierres dans le fourneau, et d'en former plusieurs voûtes assez près les unes des autres pour contenir autant de foyers, en ayant soin d'employer d'abord les plus grosses pierres, puis les moyennes, et enfin les plus petites, jusqu'à une certaine élévation, de manière que l'action de la chaleur soit partout égale.

Quand on emploie du bois pour la calcination de la pierre à plâtre, il est

très-rare que l'on fasse usage de cou-
drier, mais il n'en est pas de même lorsqu'on emploie le charbon de terre
ou la tourbe, parce que le feu ne pourrait être entretenu autrement. Le même
bois qui produit beaucoup de flamme,
et dont la chaleur se répand à une
grande distance autour du foyer, est le
combustible dont il est le plus convenable de faire usage, et celui qui est le
plus généralement employé. La tourbe
ne présente pas le même avantage, parce
que sa flamme est moins élevée, et
qu'elle ne peut cuire le plâtre qu'autant
qu'il est placé auprès du foyer. Quant
au charbon de terre, son emploi présente des inconvéniens encore plus nom-
breux, parce qu'il a le même défaut que
la tourbe, de n'exercer sa chaleur que
de près, et que, dans ce cas, sa chaleur
non-seulement cuit le plâtre, mais le vitrifie.

PRÉPARATION

DES BRIQUES ET DES CARREAUX.

La fabrication des poteries est fondée sur la propriété qu'ont les argiles de durcir au feu. — Les argiles sont des substances composées d'alumine et de silice dans des proportions variables. — Elles sont infusibles quand elles sont pures. — Caractères de l'alumine et de la silice. — Caractères auxquels on peut reconnaître une bonne argile.—La même argile ne convient pas également aux différentes espèces de briques. — Inconvénient de l'argile trop impure.—Effets produits par la prédominance de l'alumine ou de la silice. — Précautions à prendre pour obtenir des briques appropriées aux divers usages. — Les argiles alumineuses exigent pour leur cuisson une température plus élevée que les argiles siliceuses. — Quand les argiles sont très-impures, il est à propos de faire subir aux briques un commencement de vitrification. — La terre destinée à la fabrication des briques est soumise à des manipulations qui varient suivant les pays. —Exposé des pratiques usitées à cet égard, en Normandie, en Flandre et en Suisse. — La préparation de la terre est une des opérations les plus importantes de la fabrication des briques. — Expériences de M. Gallon, relatives à ce sujet. — On a tenté de suppléer par des machines au travail des bras.—Moulage des briques. — Avantage de la compression de l'argile dans l'opération ou moulage.—Machines inventées à cet effet. — Considérations générales sur la cuisson de la brique. — Le prix de revient de la brique est subordonné à celui du combustible et de la main-d'œuvre.—Bénéfice présumé de cette fabrication.— Conduite du feu dans les fours que l'on alimente avec le bois. — L'arrangement des briques est le même à peu près dans les divers fours. — Emploi de la tourbe pour la cuisson de la brique. —Emploi du charbon de terre pour le même objet. — Utilité de la brique dans divers travaux. — Briques flottantes. — Progrès présumables de l'art du briquetier-tuilier.

LA propriété des argiles, de se durcir au feu, a dû être remarquée dès les premiers âges de la société civile ; et cette remarque a dû donner naissance presque aussitôt à la fabrication des briques et des poteries. Les habitans de l'Égypte et de la Chaldée se livraient à cette fabrication dès les tems les plus reculés, et leurs premiers monumens furent faits en briques, tantôt cuites, et tantôt simplement séchées au soleil. Les Grecs et les Romains construisirent aussi en briques beaucoup d'édifices ; et l'art du briquetier paraît avoir été tellement perfectionné dans l'antiquité, que la brique est considérée par Pline comme résistant avec plus d'avantage que la pierre à toutes les intempéries des saisons, et comme propre à élever des édifices d'une éternelle durée. « Les Athéniens, dit-il, l'ont employée à la construction de cette partie de leurs remparts qui regarde le mont Hymète, et à celle des temples d'Hercule et de Jupiter, quoique ces temples fussent entourés de colonnes de pierre ajoutées pour les décorer. Le palais d'Attale, à Tralles ; celui de Crésus, à Sardes ; et le mausolée d'Halycarnasse, en Carie, ont été construits avec de semblables matériaux ; et tous ces monumens subsistent encore. » On peut ajouter à ce que dit Pline, que les Romains construisirent aussi en briques les plus grands et les plus magnifiques ouvrages, des temples, des aqueducs, des remparts, des amphithéâtres ; et que, dans la plupart de leurs monumens, la brique, mise en place depuis deux mille ans, est aussi intacte, aussi solide et aussi dure que le premier jour.

L'argile, qui fait la base des briques et des carreaux, et de toutes les poteries, est une substance onctueuse, douce au toucher, happant à la langue, composée d'alumine et de silice dans des proportions variables, et contenant, en outre, en plus ou moins grande quantité, de la chaux, de la magnésie, et divers oxides. On en rencontre de toutes couleurs, de blanche, de grise, de jaune, de rouge, de verdâtre, de bleue et de noire ; mais ces couleurs proviennent des substances étrangères, minérales ou végétales, auxquelles elle se trouve mêlée. Lorsque ces couleurs proviennent de substances végétales, le feu les fait disparaître ; mais il n'en est pas de même quand elles sont dues à la présence des oxides de manganèse et de fer, qui sont ceux que l'on y rencontre le plus souvent. L'argile conserve alors, après la cuisson, une couleur qui dépend de la nature et des proportions des oxides qu'elle contient.

L'alumine et la silice, dont le mélange constitue l'argile, sont des substances qui, isolément ou ensemble, résistent, sans pouvoir être fondues, au degré de température le plus élevé ; mais il n'en est pas de même quand elles sont unies à d'autres substances, comme la chaux, la magnésie, la baryte, et les oxides de manganèse et de fer ; car alors elles deviennent souvent très-fusibles. Dans cet état, elles ne sauraient être propres à la fabrication de toutes les espèces de briques ; en effet, celles que l'on destine à la construction des fourneaux, doivent pouvoir résister sans se fondre au feu le plus vif, et il n'y a guère que celles que l'on destine aux constructions ordinaires, pour lesquelles l'infusibilité ne soit pas une condition essentielle.

Mais la qualité de l'argile n'influe pas seulement sur le plus ou moins de fusibilité des briques et des carreaux qu'elle sert à fabriquer, elle influe encore sur leur degré de solidité, et l'on ne doit pas s'étonner si le choix de cette substance est considéré comme un des objets les plus importans par les briquetiers. C'est un sujet qui mérite une attention particulière, et le lecteur ne nous saura pas mauvais gré des détails dans lesquels nous allons entrer, et qui auront successivement pour objet l'examen des propriétés de l'alumine et de la silice, prises isolément, celui des différentes sortes d'argile, et l'exposé des opérations à pratiquer pour approprier ces argiles aux divers besoins de l'art que nous décrivons.

L'alumine est une substance blanche, douce au toucher, happant à la langue, et d'une ténacité extrême. Elle est susceptible de faire pâte avec l'eau et de se diviser dans ce liquide ; mais elle perd cette propriété par l'action du feu, et elle se convertit alors en une masse dure que l'eau ne ramollit pas, et què le feu le plus ardent ne peut fondre. Lorsqu'on la pétrit, avant de l'avoir chauffée, elle se prête à toutes sortes de formes ; mais, en séchant, elle prend beaucoup de retrait, et se gerce, ce qui fait qu'elle ne peut être employée isolément pour les poteries. Dans la nature, elle se trouve toujours mêlée avec la silice ; et cette dernière substance, qui est aride, et non susceptible de faire pâte avec l'eau et d'éprouver du retrait par l'action du feu, jouit de toutes les qualités nécessaires pour s'unir à elle, et en modifier avec avantage les propriétés. En effet, lorsque l'alumine et la silice sont incorporées dans des proportions convenables, le mélange, quoique susceptible de s'unir à l'eau et de se pétrir, n'éprouve plus un retrait aussi considérable par l'action du feu, et dès-lors on peut en former des briques et des carreaux, et une infinité d'autres ouvrages de poteries.

Lorsque l'on se propose de faire des briques pour les constructions ordinaires, la plupart des localités offrent des argiles convenables à cet effet, quoique toutes ne le soient pas au même degré ; mais l'anlyse chimique, ou quelques essais, indiquent bientôt ce que l'on peut en attendre, et mettent en outre sur la voie des opérations à pratiquer pour corriger leurs défauts. Voici, en effet, les principaux caractères auxquels on peut reconnaître une bonne argile. Elle ne doit pas faire une vive effervescence avec les acides, parce que ce serait un signe qu'elle contient trop de chaux, et qu'elle serait dès-lors sujette à se fondre par l'action du feu ; elle ne doit pas être trop siliceuse, parce qu'elle ne formerait pas une pâte souple, et qu'elle n'aurait ni la cohérence ni la densité nécessaires. Enfin, elle ne doit pas être non plus trop alumineuse, parce qu'elle serait sujette à se gercer ou se déformer, et qu'elle éprouverait un trop grand retrait lors de la cuisson. Du reste, la couleur qu'elle doit avoir est peu importante : la blanche est fort bonne toutes les fois qu'elle réunit les propriétés dont nous venons de parler ; mais celle qui est grise, jaunâtre ou rougeâtre, peut ne lui céder en rien. Il faut seulement que l'oxide métallique qui la colore, ne s'y trouve pas en trop grande quantité. Si l'on se proposait de faire des briques à four, qui ont besoin de supporter une très-haute température, sans se fondre et sans éprouver de retrait, on conçoit que les argiles manganésiennes ou ferrugineuses ne pourraient être employées à cet usage, parce que cet état de combinaison les rendrait fusibles, et conséquemment peu propres à la construction des briques à four. Il en serait de même des argiles calcaires, magnésiennes ou barytiques, dont la fusibilité est toujours très-grande, et l'on ne pourrait employer que des argiles pures, c'est-à-dire composées uniquement d'alumine et de silice dans des proportions convenables.

D'après ce que nous avons dit de l'alumine, dont le retrait est d'autant plus considérable que la température à laquelle on l'expose est plus élevée, on

conçoit que, pour les cas ordinaires, la
prédominance de cet élément doit être
moins avantageuse que celle de la silice
dans la construction des briques à four.
Mais si cela est vrai dans un grand
nombre de circonstances, cela ne l'est
pas toujours : en effet, lorsque les parois
des fours doivent se trouver en contact
avec des oxides métalliques ou des substances salines, comme ces substances
rendent la silice très-vitrifiable, il est à
propos, dans ces cas-là, de faire prédo-
miner fortement l'alumine, qui en est
beaucoup plus difficilement attaquée.
Mais ici une nouvelle difficulté se présente ; c'est qu'en augmentant la proportion de l'alumine, on rend les briques plus sujettes à se fendre, à se déformer et à éprouver du retrait par
l'action du feu ; et cet inconvénient ne
serait pas moindre que le premier, si
l'on n'avait trouvé le moyen d'y porter
remède.

Comme la silice, dans son mélange
avec l'alumine, a pour effet de s'inter-
poser entre les molécules de cette substance et de la rendre moins sujette à se
déformer, et à éprouver du retrait par
l'action du feu, on a imaginé qu'il ne

serait pas impossible d'atteindre le même but, si l'on substituait à la silice un autre corps également dur, aussi peu susceptible d'éprouver du retrait par l'action du feu, et moins facilement rendu fusible par la réaction des oxides et des sels. Ce nouveau corps, dont on a imaginé de faire usage, c'est l'alumine elle-même, mais modifiée par l'action d'une température très-élevée, et transformée en une substance dure, grenue, et incapable d'éprouver un nouveau retrait, hormis par l'action d'une température encore plus haute. Des fragmens de bonne tuile bien cuite, ou de quelques autres poteries bien choisies, ont paru devoir convenir à tous égards, et les briques que l'on obtient en alliant à ces fragmens pulvérulens assez d'argile pour les rendre susceptibles de s'agglutiner, réunissent tous les caractères que l'on peut désirer dans de bonnes briques à four.

Les briques que l'on destine aux constructions ordinaires ne demandent pas à être fabriquées avec une argile choisie ou préparée avec tant de soin ; cependant on ne peut disconvenir que pour l'ordinaire, leurs qualités ne soient en raison directe de la pureté de l'argile, et en voici la raison : les argiles calcaires ou ferrugineuses, ou calcaires et ferrugineuses en même tems, sont d'autant plus fusibles, comme l'on a vu, que la proportion des substances hétérogènes se trouve plus grande, et dès-lors il devient impossible de les cuire au point convenable pour leur donner une solidité suffisante sans s'exposer à les fondre et à les voir couler dans le four, ou du moins s'agglomérer en forme de roches. Cependant la cuisson est un point essentiel dans cette fabrication, et l'on ne peut regarder comme bonnes des briques mal cuites. On peut dire même que, toutes choses égales d'ailleurs, les meilleures briques sont celles dont la cuisson a été poussée au plus haut degré. Cela étant, voici l'exposé de ce qui arrive, tant lorsque l'argile est trop impure que, lorsqu'étant au degré de pureté convenable, elle est trop alumineuse ou trop siliceuse. Si elle est trop impure, il arrive, comme nous l'avons déjà dit, que l'action du feu nécessaire pour la cuisson liquéfie plus ou moins cette argile, déforme les briques et les colle les unes aux autres, de telle sorte que l'on est réduit à ne pas cuire suffisamment, et conséquemment à avoir des briques qui absorbent l'eau, et qui, à la longue, se ramolissent et se divisent en menues parcelles. Si l'argile est au degré de pureté suffisant, c'est-à-dire capable de résister, sans se vitrifier, à une température beaucoup plus élevée que celle qui est nécessaire pour sa cuisson, les deux circonstances opposées de la prédominance de la silice ou de l'alumine, sont suivies de résultats différens qu'il importe d'examiner. Si la silice est un peu trop prédominante, la brique, après avoir été bien cuite, possède à la vérité plusieurs qualités précieuses, mais on peut lui reprocher d'être trop cassante, et de ne pouvoir supporter de choc sans se rompre ; si, au contraire, c'est l'albumine qui prédomine, la brique est sujette à se déformer et à se fendre par l'action du feu ; mais toutes les fois qu'elle demeure intacte durant la cuisson, on peut l'employer alors avec succès dans les constructions de toute espèce, parce qu'elle est compacte, tenace, imperméable et inaltérable par l'air ou par l'eau.

Le défaut qu'ont les argiles trop alumineuses de se déformer et de se gercer au feu, est d'autant plus sensible que les pièces sont plus épaisses ; aussi les argiles de cette espèce sont-elles employées avec moins d'avantage à la confection des briques qu'à celle des carreaux et des autres poteries plus légères. Mais si la présence de l'alumine dans des proportions où les pièces ne peuvent être exposées au feu sans se déformer, est toujours nuisible, sa prédominance n'est jamais défavorable toutes les fois que la cuisson peut s'effectuer; au contraire, elle communique aux pièces les qualités que l'on recherche le plus, la dureté, la densité et la résistance. Cependant l'emploi des briques très-alumineuses pourrait présenter quelques inconvéniens, si on les destinait à la construction de fourneaux où elles seraient exposées à une température plus élevée que celle de leur cuisson. En effet, elles seraient sujettes alors à un grand retrait, et la solidité des constructions souffrirait beaucoup ; il faut donc chercher, autant que possible, à n'employer pour les différens usages que les briques qui y sont appropriées. Les briques fabriquées avec une argile alumineuse sont convenables pour les constructions ordinaires ; et elles sont toujours d'autant meilleures que leur cuisson a été poussée à un plus haut point. Quant aux briques fabriquées avec une argile siliceuse, elles conviennent mieux que les précédentes pour les fourneaux, mais il ne faut pas qu'elles s'y trouvent exposées à la réaction de substances qui pourraient faire entrer en fusion la silice. Dans ce cas, les briques les plus résistantes seraient celles dans lesquelles on aurait substitué à la silice de l'alumine déjà fortement calcinée et réduite en poudre.

Les briques provenant d'argiles fort alumineuses ne sont pas communes, parce que leur dessication demande plus de précaution que celles des briques ordinaires, et leur cuisson plus de combustible ; aussi, comme l'on va presque toujours au meilleur marché et au plus tôt fait, on est dans l'usage de se contenter presque partout de briques très-médiocres, qui proviennent d'argiles impures, abondant presque toujours en chaux et en fer, et contenant une forte proportion de silice. Ces briques se cuisent avec moins de combustible que les autres ; mais leur cuisson demande à être dirigée avec précaution. Si l'on chauffe trop, elles se ramollissent, s'agglomèrent et forment des roches ; et si l'on chauffe trop peu, elles restent tendres et friables. Le point convenable est celui où leur surface commence à se vitrifier, et où elles sont comme recouvertes d'un vernis solide. Dans cet état, elles sont dures, résistantes, imperméables ; mais ce degré de cuisson est très-difficile à atteindre, ou du moins toutes les briques d'une fournée ne peuvent le recevoir en même-tems. En effet, celles qui sont autour des foyers, et celles qui sont au haut du four ou sur les côtés, ne peuvent jamais être cuites au même degré, puisqu'elles subissent des degrés de chaleur différens ; et il est de force que les premières étant au point convenable et présentant une surface vitrifiée, les secondes soient plus perméables, plus tendres et plus friables.

Dans les briques fabriquées, comme cela n'est que trop commun, avec des argiles très-impures et très-fusibles, on doit donc considérer ce commencement de vitrification comme un utile palliatif, et il ne faut pas être étonné si, dans les pays où l'on fabrique ces sortes de briques, la portion de la fournée qui présente un aspect vitreux, se vend plus cher que le reste. Les briques dont la surface est ainsi vitrifiée, et qui sont connues sous différentes dénominations, suivant les pays, sont employées avec un succès constant dans les fondations, dans les murs et voûtes de caves, et dans tous les lieux où elles doivent être exposées à l'humidité; il est certain qu'on trouverait aussi beaucoup davantage à les employer pour tous les autres travaux; mais leur prix est un obstacle à cela, et l'on se contente de briques moins cuites, que l'humidité attaque beaucoup plus vite, et qui souvent, au bout d'un petit nombre d'années, sont déjà considérablement altérées.

En résumant nos observations précédentes, nous ne pouvons inférer que les argiles pures et infusibles sont les meilleures pour la fabrication des briques et des carreaux, et les seules mêmes qui conviennent dans plusieurs cas; qu'entre ces argiles, celles qui sont plus alumineuses acquièrent plus de dureté et de ténacité dans la cuisson que celles où la silice domine; mais qu'elles sont plus sujettes à se déformer et à éprouver du retrait par l'action du feu, que les dernières, éprouvant peu de retrait, l'emportent pour la fabrication des briques à four, lorsque ces briques ne sont pas exposées à l'action de différens sels ; mais que, dans ce cas, les argiles alumineuses sont préférables, pourvu que l'on ait soin d'y incorporer une quantité suffisante de la même argile calcinée à un haut degré. Enfin, que les argiles impures ou très-fusibles ne sont pas propres à faire de bonnes briques, parce qu'il est impossible de les cuire suffisamment ; mais que, du reste, toutes les fois qu'on les emploie, le degré de feu qui leur convient davantage et les rend plus imperméables et plus résistantes, est celui qui vitrifie leur surface.

L'importance du sujet qui nous occupe, nous ayant engagé à entrer dans des détails circonstanciés sur les qualités de l'argile qui conviennent aux différentes espèces de briques, il ne nous reste rien à dire sur celle qui convient aux tuiles et aux carreaux. Nous ajouterons seulement qu'elle peut être choisie plus alumineuse ; parce qu'étant plus minces, les objets que l'on en fabrique se gercent et se déforment moins par l'action

du feu. Du reste, dans un grand nombre de tuileries, où l'on fabrique à la
fois des briques, des tuiles et des carreaux, on emploie indifféremment la
même argile pour tous ces objets ; et,
comme il serait illusoire d'employer à la
fabrication des carreaux, une argile siliceuse ou fusible, qui ne serait pas
susceptible de prendre au feu la cohérence et la dureté nécessaires, il s'ensuit
que les briques que l'on confectionne
dans ces tuiles, sont d'ordinaire de
très-bonne qualité. Il pourrait arriver
cependant que l'argile employée pour
les tuiles et pour les carreaux, quoique
convenable pour ces objets, se trouvât
trop grasse pour des objets plus épais,
telles que sont les briques ordinairement ; alors il conviendrait de mêler un
peu de sable avec cette argile, et c'est
ce que l'on pratique en plusieurs endroits ; mais, dans beaucoup d'autres,
on ne songe pas à faire usage de sable,
et l'on remédie à l'inconvénient dont
nous parlons, en faisant les briques plus
minces. C'est pour cela que, dans les
différentes provinces, les briques sont
de dimensions variables, ayant deux
pouces d'épaisseur dans quelques loca-

lités, et dans d'autres n'en ayant qu'un. Mais, comme il y aurait beaucoup de main-d'œuvre perdue à confectionner des briques minces, si l'on ne suppléait par la longueur et la largeur à ce qui leur manque en épaisseur, il arrive que, là où les briques sont plus minces, elles sont ordinairement plus longues et plus larges, ayant souvent dix pouces de long et cinq de large, au lieu de huit et de quatre.

Après les considérations générales dans lesquelles nous venons d'entrer sur les diverses propriétés de l'argile, et les modifications qu'on peut lui faire éprouver, selon le besoin, il est de notre sujet d'examiner ce qui se pratique communément, et de décrire les procédés en usage dans toutes les briqueteries. Ces procédés sont relatifs à la préparation de la terre, au moulage, au séchage et à la cuisson. Nous les exposerons successivement avec des développemens proportionnés à leur importance.

Lorsque l'on se propose d'établir quelque part une tuilerie ou une briqueterie, on travaille une certaine quantité d'argile qu'on veut employer; et, après l'avoir pétrie, moulée et séchée, on la porte dans un four voisin, et on lui donne la cuisson convenable, avant de prononcer, d'une manière définitive, sur sa qualité. En effet, quoique l'aspect de l'argile, son plus ou moins de ténacité, et la manière dont elle se comporte en séchant, soient des indices assez constans du résultat qu'on doit obtenir, il serait peu sage de s'en tenir à ces seuls indices; et il est toujours préférable de recourir à l'expérience. Si l'argile est trop grasse, on cherche du sable ou une argile sablonneuse dans le voisinage, et on en ajoute à l'argile grasse, de manière à corriger son défaut, et à obtenir un mélange qui ait assez de ténacité et de souplesse pour se bien mouler, mais qui n'en ait pas assez pour se gercer et se déformer par l'action du feu; si l'argile est trop maigre, on y remédie par l'addition d'une argile grasse qui lui donne assez de consistance pour se mouler, et la rend propre à faire des briques dures et sonores que l'humidité ne pénètre pas; mais lorsqu'elle est trop impure et trop fusible, alors aucun remède n'est praticable, et, d'ordinaire, on renonce à en faire usage. Cependant, il y a des localités où le défaut d'une bonne argile force à recourir à ces argiles fusibles, et on en obtient d'assez bonnes briques toutes les fois qu'elles éprouvent un commencement de vitrification durant la cuisson; mais, du reste, elles sont toujours impropres à la fabrication des tuiles et des carreaux, et l'on ne tente pas même d'en faire usage pour cet objet.

Comme la fabrication des briques n'est avantageuse qu'autant qu'il est possible de les livrer à bas prix, ou conçoit combien il est important de faire choix d'une glaise qui n'ait besoin d'aucune addition pour être employée, et dont l'extraction et la préparation soient faciles ; car les moindres frais que l'on serait obligé de faire, à cet égard, rendraient cette espèce de fabrication presque impossible. Aussi est-il rare de voir employer des terres qui aient besoin d'être mélangées ; ou, si cela se voit quelquefois, c'est que ces terres sont à proximité l'une de l'autre et à fleur du sol, et que leur mélange se fait à peu près sans frais. Quoi qu'il en soit, lorsqu'on a fait choix d'une terre qui est convenable pour la fabrication des briques ou des carreaux, ou de ces deux objets à la fois, on la travaille pour la rendre propre à être employée ; et voici comment on procède en divers endroits.

Au Havre et dans une grande partie de la Normandie, on ramasse la terre en hiver auprès d'une grande fosse revêtue de maçonnerie, et dont les dimensions sont proportionnées à la quantité de briques que l'on cuit à chaque fournée. Lorsque l'on cuit cent millions de briques à la fois, cette fosse a douze pieds en carré sur cinq de profondeur. Au printems, lorsque l'on commence les travaux, on la remplit d'une partie de la terre qu'on a tirée dès l'hiver, et qui a été divisée par les gelées, et l'on y ajoute successivement une quantité d'eau suffisante pour que le tout soit bien imbibé. Alors, un ouvrier qu'on nomme *marcheux*, piétine cette terre humectée, et la divise avec une pelle ferrée en tranches très-minces, jusqu'à la profondeur de neuf ou dix pouces, en jetant successivement toutes ces tranches dans une seconde fosse contiguë, mais plus petite, et qui est recouverte d'une toiture. Dans ce travail, il a soin de retirer toutes les pierres et tous les corps étrangers dont la présence serait nuisible ; et lorsqu'il a fait passer ainsi une couche d'argile de l'épaisseur que nous avons dit, de la grande fosse dans la petite, il entre dans celle-ci, piétine de nouveau la terre qu'elle contient, et la jette sur le sol même de l'atelier où il en forme une couche de sept à huit pouces. Alors il piétine une troisième fois cette terre sur laquelle il répand un peu de sable pour l'empêcher de s'attacher à ses pieds ; et, après l'avoir ainsi parcourue trois ou quatre fois, en divers sens, en s'appuyant sur un bâton pour s'aider à retirer le pied droit qu'il fait agir ; il la coupe par grosses mottes qu'on nomme *vasons*, et la retourne sens dessus dessous pour la piétiner de nouveau. Ce travail fini, un ouvrier qu'on nomme *vangeur*, coupe cette terre par petits vasons, la porte sur une table qu'il a couverte d'un peu de sable, la pétrit avec soin entre ses mains, et la divise de nouveau en petits vasons qu'il porte sur l'établi du mouleur. La terre ayant reçu pour lors toutes les préparations nécessaires, le mouleur l'emploie sur-le-champ. Nous décrirons plus bas l'opération du moulage, et celles qui suivent dans la pratique de l'art du briquetier. Notre objet, maintenant, est d'indiquer le mode suivi dans d'autres pays pour la préparation de la terre, et de nous étendre en particulier sur cette partie de l'art, une des plus importantes.

En Flandre et dans tout le nord de la France, où l'on cuit les briques au charbon de terre, on suit une manipulation différente pour la préparation de la terre qu'on veut employer. On commence par faire un tas de cette terre à quelques pas du lieu même d'où on l'extrait; on la laisse passer l'hiver ainsi disposée; et, à la saison des travaux, deux hommes qu'on nomme *batteurs*, l'ayant arrosée par le profil avec des écopes, en enlèvent de petites portions vers la base, en se servant de pelles pour ce travail, et lancent ces portions à une distance d'environ six pieds. Le haut du profil ne tarde pas à tomber par cette manœuvre, et les terres qui en proviennent sont jetées, comme les autres, sur les premières, de manière à former un nouveau monceau. Ce nouveau monceau est arrosé largement,

comme le premier, et relevé d'un côté
avec des pelles, de manière que toutes
ces parties rejetées successivement sur
le côté opposé, se trouvent divisées,
changées de place, et purgées de pierres
et de toute autre substance étrangère.
Ce travail fini, les batteurs s'arment
d'une houe; et pour détremper et émiet-
ter la terre bien également, ils la tirent
à eux peu à peu, et la font changer de
place en l'arrosant fréquemment. Ils ré-
pètent cette manipulation deux fois de
suite.; et lorsque la matière a pris la consistance d'un mortier ferme, ils com-
mencent à la battre. A cet effet, ils
l'arrosent, la retournent avec une pelle,
la font encore changer de place, et puis
la travaillent avec une houe en la ti-
rant à eux, de telle sorte que, lorsqu'ils
en ont fait un petit tas devant eux, ils
la battent avec le talon de la houe. Ils
manient de cette manière toute la terre,
et ils terminent en la relevant sur
quatre à cinq pieds d'épaisseur avec des
pelles de bois, en unissant parfaitement
le monceau, et en le recouvrant de pail-
lassons, afin de le préserver du soleil
et de le conserver frais plus longtems.
Il faut à deux hommes, pour préparer,

comme nous venons de le dire deux mètres cubes de terre, une heure et demie ou deux de travail environ.

Dans d'autres localités, comme en Suisse, par exemple, on procède encore d'une autre manière à la préparation de la terre. On commence par en faire un tas devant le hangar sous lequel on doit la mouler, et sur le bord d'une fosse en maçonnerie ou d'une cuve en bois. Ce tas est ensuite battu fortement; et lorsqu'il a acquis une densité suffisante, on le coupe en tranches très - minces avec une pioche ou une houe plus large qu'à l'ordinaire; et ces tranches, desquelles on retire toutes les pierres et tous les corps étrangers, sont jetées dans le bassin qui est au pied du tas. Lorsque ce bassin se trouve rempli à une certaine hauteur, comme à un pied et demi environ, on y jette de l'eau petit à petit, de manière à bien imprégner toutes les tranches; et quand cet effet a eu lieu, un homme descend dans la fosse, et piétine la terre qu'elle contient, jusqu'à ce qu'il n'y sente plus de dureté, et que la masse soit bien homogène. Ce but atteint, il rejette la terre hors de la fosse, en forme un nouveau monceau qu'il bat fortement pour le rendre ferme et compacte, après quoi il le coupe en tranches très-minces, comme la première fois, en en séparant tous les corps étrangers qui s'y pourraient encore rencontrer; et lorsque ces tranches ont été rapprochées de nouveau, battues et formées en tas, la terre se trouve propre à être employée.

La préparation de la terre sur laquelle nous avons déjà beaucoup insisté, est, comme l'on peut en juger, une des opérations les plus importantes de la fabrication des briques et des carreaux. Toute chose étant égale d'ailleurs, elle ajoute singulièrement à la densité et à la résistence des objets que l'on confectionne; et l'on peut présumer que les anciens qui fabriquaient d'excellentes briques, et qui n'avaient pas d'autres matériaux que les nôtres, s'attachaient à cette partie de la fabrication avec un soin tout particulier. Une expérience que nous allons rapporter, et qui est due à M. Gallon, fera concevoir mieux que tout ce que nous pourrions alléguer, jusqu'à quel point cette préparation est essentielle pour que la brique soit de bonne qualité.

M. Gallon fit mettre de côté, dans une briqueterie, une certaine quantité de terre déjà préparée et propre à être employée, résolu de la faire travailler de nouveau pour voir l'effet qui en pourrait résulter. Cette terre était de qualité fort ordinaire, et ne donnait que des briques très-médiocres. Au bout de sept heures, il la fit mouiller et battre pendant une demi-heure ; il répéta la même opération le lendemain au matin, et le soir il fit porter la terre au moule après l'avoir encore battue pendant un quart d'heure. Cette terre, qui n'avait reçu que cinq quarts d'heure de préparation plus que l'autre, avait acquis une densité plus grande, et les briques que l'on en fit pesaient cinq livres onze onces, pendant que les autres ne pesaient que cinq livres sept onces. Cette différence de poids subsista encore après la cuisson, les unes et les autres ayant perdu cinq onces par l'action du feu ; mais ce qui constitua leur principale différence, ce fut la ténacité. Les briques, fabriquées avec la terre bien corroyée, ne rompirent qu'après avoir été chargées de soixante-cinq livres à chaque extrémité, ou de cent trente livres en tout; pendant que les autres rompirent sous une charge de trente-cinq livres à chaque bout ou de soixante-dix livres en tout.

D'autres expériences faites par M. Gallon, sur une terre de meilleure qualité, prouvent en même tems qu'il n'est pas moins essentiel de bien choisir la terre que de la bien corroyer. En effet, s'étant procuré de meilleure terre, il lui fit donner les préparations ordinaires, et la fit façonner dans le même moule que les briques de l'expérience précédente, et cuire au même feu. Ces briques, qui pesaient cinq livres douze onces avant la cuisson, perdirent six onces par l'action du feu; mais, à l'essai que l'on fit de leur ténacité, elles ne rompirent, après avoir été appliquées comme les autres sur un tranchant, que sous la charge de deux cent vingt livres à chaque bout, ou de quatre cent quarante livres en tout.

On peut tirer, de ces expériences particulières de M. Gallon, les mêmes conclusions qui sont adoptées dans la pratique des briqueteries, quoique souvent on néglige de s'y conformer, plus qu'on ne devrait; savoir : qu'il est de la plus grande importance de faire choix d'une bonne terre, et, lorsqu'elle est choisie convenablement, de la travailler avec force sans mettre trop d'eau. Plusieurs méthodes peuvent être suivies à cet effet, comme l'on vient de le voir; mais, l'essentiel dans toutes, est de tirer la terre avant l'hiver, et de l'étendre à une médiocre épaisseur, afin de la laisser exposée à l'influence des gelées qui la divisent; ensuite, dans la saison de mouler, de l'imbiber d'une quantité d'eau suffisante, de la laisser se bien imprégner, de la partager en petits monceaux, de la pétrir, de la diviser, d'en extraire les corps étrangers, de la réformer en tas et de la polir, et de recommencer au moins deux fois ces opérations, en y mettant un certain intervalle, avant que de procéder au moulage.

Les préparations qu'il est nécessaire de faire subir à la terre, lorsque l'on se propose d'en confectionner des tuiles ou des carreaux, sont les mêmes que celles que nous venons de décrire; seulement il convient de les prolonger davantage, et de purger la terre avec encore plus de soin de tous les corps étrangers, parce que ces ouvrages, étant moins épais que des briques, demandent à être formés avec une pâte plus homogène et plus liée. On sait, en outre, que la terre qui leur est appropriée doit être plus grasse que celle que l'on emploie ordinairement pour les briques, et c'est encore un motif pour qu'elle demande à être mieux pétrie et plus maniée.

La nécessité de travailler à tour de bras la terre que l'on destine à la fabrication des tuiles et des carreaux, a fait imaginer d'avoir recours aux machines pour effectuer les mêmes préparations, et voici quel est le principe d'après lequel la plupart de ces machines ont été construites. On établit, dans une position verticale, un tonneau solide de trois pieds de diamètre environ sur quatre pieds de hauteur ; et l'on fait passer perpendiculairement, dans son milieu, un axe de fer portant à différentes hauteurs des branches de bois disposées comme des rayons, et qui répondent à différens points de la circonférence du tonneau. Ces branches sont armées chacune de six couteaux, dont trois se dirigent en haut et trois en bas, parallèlement à l'axe, et dont les derniers affleurent les parois intérieures du tonneau, à la distance d'une ligne environ. Quant à l'axe, il porte à l'une de ses extrémités un levier horizontal à l'extrémité duquel est attaché un cheval qui fait mouvoir la machine. La terre, humectée et introduite dans le moulin par le haut, sort par le bas à l'aide d'une ouverture qu'on a ménagée, et dans sa chute se trouve coupée et divisée en menues parcelles, et même purgée des herbes et des filamens qui s'attachent aux couteaux, et que l'on a soin de retirer de tems en tems. Dans cet état, elle se trouve ordinairement propre à être rapprochée pour être employée ; mais lorsqu'on ne la juge pas assez broyée, on la passe une seconde fois au moulin.

La machine que nous venons de décrire est le modèle de toutes celles que l'on emploie pour la préparation de la terre ; mais ses avantages n'étant pas fort considérables sous le rapport de l'économie, elle n'est que très-rarement employée. Dans tous les cas, lorsque la terre a reçu toutes les préparations nécessaires, on la porte au *mouleur* qui est chargé de la façonner convenablement.

Cette opération se fait sur une table, dont un coin est saupoudré de sable, et où se trouvent deux moules doubles. Le mouleur enlève, avec ses deux mains, une portion de la terre qu'on a disposée à sa portée, et jette avec force cette portion qui est du poids de quatorze à quinze livres, sur le moule le plus près de lui, de manière à bien remplir une des cases. Aussitôt il rase cette case avec la main, en y entassant la matière, et après avoir porté l'excédant de la terre sur la seconde, il passe fortement sur le moule un outil qu'on appelle plane, enlève tout ce qui déborde, le dépose à côté de lui, et donne un petit coup du plat de la plane comme d'une truelle, sur le milieu du moule, pour séparer les deux briques. Un ouvrier, qu'on nomme *porteur*, s'empare alors de ce moule, qu'il dresse adroitement sur son champ, et va déposer les briques sur une aire bien battue, où il les laisse se ressuyer, avant d'en former des haies. Pendant ce tems le mouleur remplit l'autre moule que le porteur vient enlever également, en lui rendant le premier frotté de sable, et le travail se succède avec une telle rapidité, qu'un mouleur adroit, lorsqu'il est bien

5 *

secondé, peut mouler de sept à neuf mille briques dans le courant de sa journée. On conçoit qu'il faut des hommes robustes pour résister à un travail aussi soutenu. Il faut aussi que le mouleur ait la main formée à son exercice, pour que la matière soit d'une même densité dans toutes les briques, et qu'il ne s'y rencontre pas des vides et des soufflures qui feraient déformer l'ouvrage au fourneau.

La pression que l'on exerce sur la terre, pendant le moulage, et le rapprochement de parties qui en résulte, peuvent ajouter si considérablement aux qualités de la brique que, depuis quelques années, on a inventé plusieurs appareils à l'aide desquels on peut soumettre la terre pétrie à une forte pression. L'on obtient ainsi des briques beaucoup plus dures, plus denses et plus inaltérables que lorsqu'on les moule à la manière ordinaire ; mais il en résulte une augmentation de main-d'œuvre qui ne permet pas de les livrer au même prix ; et c'est pour cela que les appareils de cette espèce ne sont pas encore fort répandus, et que leur utilité paraît contestée. En effet, ils n'ont pu guère être employés, jusqu'à ce moment, que pour la fabrication de quelques espèces de briques d'un prix élevé, et sur lesquelles cette augmentation de main-d'œuvre est proportionnellement beaucoup moins sensible. Voici, du reste, l'exposé de quelques travaux relatifs à cette innovation avantageuse sur laquelle il importe de fixer l'attention des gens éclairés, et qui atteindrait un but si utile si l'on parvenait à confectionner les briques à de moindres frais, en même tems que l'on ajouterait à leurs qualités.

En 1803 M. Boudier, dégoûté de voir la dégradation rapide de la sole de ses fours de boulangerie, par suite de la mauvaise qualité des matériaux qui servaient à leur construction, se détermina à fabriquer lui-même des carreaux qu'il soumit à une forte pression, s'imaginant qu'il ne pourrait obtenir de cette pratique que de bons effets. En conséquence, après avoir préparé la terre comme à l'ordinaire, il l'introduisit dans un moule, et la comprima avec une lourde batte de bois. Il fit ensuite sécher les divers carreaux qu'il avait formés, pendant quinze jours; et, au bout de ce tems, il les battit encore fortement, après les avoir remis dans le moule ; il les fit ensuite sécher de nouveau pendant plusieurs mois, et ils acquirent par la cuisson qui suivit, une dureté et une inaltérabilité que l'on a peine à imaginer.

Quelques années après, M. Hattenberg inventa une machine qui devait servir à la fabrication des briques et tuiles de toute espèce, et qui parut propre à la société d'encouragement à diminuer les frais de main-d'œuvre, et à ajouter à la perfection du travail. Elle se compose principalement, dit le *Dictionnaire des Découvertes*, de deux caisses en fer fondu, dans lesquelles on met la terre glaise préparée pour les briques, et de deux pistons que l'on fait jouer à bras alternativement, au moyen d'un cric ou d'une vis, et qui obligent la terre, fortement comprimée, à sortir des caisses par des ouvertures dont la forme est en rapport avec les objets que l'on confectionne. Ces objets peuvent être, à volonté, des briques, des tuiles, des corniches, des colonnes ou des tuyaux. On les reçoit sur un transporteur, où ils sont coupés de longueur convenable, après quoi on les met sécher. La terre qui sert à les fabriquer est préparée à l'aide d'une machine d'une construction pareille à celle que nous avons fait connaître.

M. Mollerat ajouta à la fabrication des briques par compression, un perfectionnement important, en appliquant à cette fabrication les effets de la presse hydraulique. L'argile dont il se sert est à peu près sèche et réduite en poudre, lorsqu'il l'introduit dans les moules ; mais la pression qu'il lui fait subir est si forte, qu'au sortir des moules elle a la consistance d'une pierre tendre que l'on pourrait employer sans cuisson. Les pièces qu'il forme peuvent être de la dimension la plus grande, et porter un pied de long sur dix pouces de large, et autant de haut. Elles sont toutes d'une exécution parfaite, à angles vifs, très-lisses, très-compactes, et acquièrent par la cuisson la dureté du caillou. On a imaginé encore plusieurs machines pour le moulage des briques, des tuiles et des carreaux ; mais comme leurs avantages, sous le rapport de l'économie, n'ont pas été, jusqu'à ce jour, bien frappans, nous ne décrirons que la machine inventée en Angleterre par M. Cundy (*fig.* 4).

Cette machine se compose de deux châssis carrés en fer, exactement semblables, dont l'un monte pendant que l'autre descend, et qui se meuvent dans des bâtis en bois solidement assemblés. Le châssis A est dirigé par une tige verticale C, fixée à la réunion des quatre branches DD, et passant par des guides *a a*; il est surmonté d'un poids E qui ajoute à la pression qu'il doit exercer sur la matière qui lui est soumise, et il est armé au-dessous de découpoirs en fer, en forme d'emporte-pièces, ayant exactement les dimensions et la hauteur d'une brique. Les espaces, compris entre ces découpoirs, sont occupés par des repoussoirs en fonte G, qui rentrent lorsque le châssis s'abaisse, mais qui, s'appuyant sur l'argile pendant le découpage, la compriment et lui donnent la densité nécessaire. Tous ces repoussoirs sont ajustés sur une forte plaque de fonte qui ajoute à leur poids, et qui les arrête au niveau des découpoirs. Ainsi, lorsque le châssis s'abaisse, et que les découpoirs font leur fonction, les repoussoirs s'élèvent par l'effet de l'impénétrabilité de l'argile qu'ils compriment; mais ils s'abaissent à leur tou

autant qu'ils s'étaient élevés, lorsque
le châssis se relève, et leur poids fait
sortir les briques toutes formées de
leurs loges. Observons que les découpoirs sont fixés, par leurs bords exté-
rieurs, à l'aide des tenons *e e*, qui les
lient solidement au châssis A.

La couche d'argile que l'on se propose de façonner, est placée sur un
chariot H qui est mobile sur des rou-
lettes *d d*, et que l'on tire à l'aide d'une
barre à crochet qui s'attache en *o*. Le
châssis, en descendant par son propre
poids, découpe les briques ; et lorsqu'il
a été remonté à l'aide d'un treuil dont
l'axe porte une manivelle K, on fait
avancer un nouveau chariot, et l'on
recommence l'opération. On conçoit
que le nombre de briques que l'on découpe chaque fois, peut varier suivant
les dimensions du châssis, et que l'on
peut employer le même appareil pour
les tuiles et les carreaux, en modifiant
la figure des découpoirs.

La matière que l'on soumet à cette
machine est préparée dans un tonneau
semblable à celui que nous avons dé-
crit. Un ouvrier en forme des plaques
qu'il laisse se ressuyer à l'air pendant

un jour, et qu'il présente au châssis, après les avoir placées sur le chariot, et saupoudrées d'un peu de sable. Ces plaques se font sur une feuille de tôle qu'on place sur le chariot, et qu'on retire avec les briques toutes faites.

En donnant la description de la machine de M. Cundy, nous avons eu pour objet de donner au lecteur un exemple de ces machines, plutôt que de lui présenter celle-ci comme un modèle qui méritât d'être imité. En effet, elle nous paraît présenter très-peu d'avantage, en ce que les briques n'y sont pas soumises à une pression beaucoup plus considérable qu'à l'ordinaire, et surtout en ce que la nécessité de mouler des plaques n'apporte aucune diminution sensible des frais de main-d'œuvre. Du reste, nous regardons la construction d'une bonne machine pour la fabrication des briques, comme un objet d'une grande utilité, et nous pensons que l'on pourrait tirer un meilleur service de la précédente, si, aux plaques façonnées par un ouvrier, on substituait des plaques façonnées par une machine, ce qui, sans doute, ne serait pas impossible.

Dans tous les cas, lorsque les briques ou tuiles sont façonnées, on les fait sécher, et cela a lieu constamment pour les briques, en commençant à les faire se ressuyer sur une aire bien aplanie, soit en plein air, soit sous des hangars, et en les rangeant ensuite en haies ou murailles, de manière à laisser entre elles assez de vide pour que leur dessiccation s'opère aisément. Quant aux tuiles et aux carreaux, l'usage ordinaire est également de les faire sécher sur une aire; mais quelquefois on les fait sécher sur des étagères de bois, et cette méthode offre bien quelques avantages, en ce que les divers objets ne ramassent pas de gravier, et qu'ils sont moins exposés à se tourmenter et se déformer.

Après les détails dans lesquels nous sommes entrés sur les différentes méthodes relatives à la préparation de la terre, à sa mise en forme et à sa dessiccation, il ne nous reste à parler que de sa cuisson, et c'est de quoi nous allons nous occuper.

La forme que l'on donne aux fours à briques, où le bois est employé comme combustible, est si variable dans les différentes localités, que nous nous at-

tacherons ici à présenter des considérations générales plutôt qu'à donner des
descriptions particulières. Nous dirons
donc, relativement à la capacité des
fours, qu'elle peut varier de beaucoup,
sans qu'il en résulte de grands inconvéniens ; mais, dans tous les cas, il est
nécessaire que la forme et les dimensions du foyer soient proportionnées à
celles du four, pour que la chaleur
puisse se répartir également dans toute
la masse. Quelques fours sont surmon-
tés d'une voûte percée de trous, et l'on
ne peut qu'approuver cette construction
qui évite une déperdition de calorique
considérable, abrite les objets en cuisson
contre la pluie, et permet de diriger à
volonté l'action du feu vers divers côtés
en bouchant les ouvertures de la voûte
qui sont opposées. Il y en a qui sont
construits avec des cendriers, et d'autres, en plus grand nombre, qui n'en
ont pas ; mais dans tous, les foyers sont
formés en voûte et percés, dans leur partie supérieure, de beaucoup de trous.
Dans les fours carrés, ces foyers, larges
de 2 à 3 pieds, sont ordinairement au
nombre de deux ou de trois ; ils présentent leur ouverture sur une des faces

du four, se prolongent jusqu'à la face opposée, et, dans cette longueur, leur voûte est percée de trous rapprochés qui livrent passage à la flamme. Les fours à deux foyers contiennent communément de trente à soixante milliers de briques ; ceux qui en ont trois, en contiennent jusqu'à cent milliers ; et ceux qui n'en ont qu'un, en contiennent rarement plus de vingt. Dans les localités où la consommation est peu importante, les fours n'ont ordinairement qu'un foyer, et encore il n'est pas rare de voir accumuler dans le même four, des briques, des carreaux, des tuiles, des vases grossiers et quelquefois de la chaux. La brique que l'on fabrique dans ces circonstances, est souvent de qualité excellente, parce qu'elle est faite avec la même terre grasse et ductile que les carreaux, qu'elle est cuite au même degré, et qu'elle est également sonore, dense et résistante.

Dans les fours où l'on ne cuit que de la brique, la qualité du produit obtenu reste subordonnée à l'observation des préceptes que nous avons exposés déjà plusieurs fois, au choix et à la préparation de la terre, et à son degré de cuisson. Dans ces fours, il est assez ordinaire de voir employer une terre trop impure et trop siliceuse, parce qu'il en résulte une économie de combustible considérable. Lorsque l'on cuit au point convenable, et que les briques sont de bonne terre, il faut compter, pour une fournée de soixante mille, sur la consommation d'au moins deux mille bourrées du poids de douze à quinze livres environ. Le prix des bourrées variant suivant les localités, on ne peut pas établir le prix de revient de la brique d'une manière absolue. Il y a des pays où la quantité de bois dont nous venons de faire mention vaudrait six cents francs, pendant que dans d'autres elle vaudrait à peine cinquante écus ; il y en a également où la main-d'œuvre de soixante mille briques serait payée cinq cent quarante francs, pendant que dans d'autres elle ne serait payée que trois cents. Quatre cent cinquante francs et onze cent quarante sont donc les extrêmes du prix de revient de soixante mille briques, à quoi il faut ajouter l'intérêt des fonds nécessaires. Ces fonds étant de cinq à dix mille francs, l'intérêt pour chacune des six fournées que l'on peut faire par an , est de cent à deux cents francs environ. D'où l'on voit de quoi se compose le bénéfice du fabricant qui vend ses briques sur place, suivant le pays, de douze à vingt-cinq francs le millier. Ce bénéfice est de vingt-cinq pour cent à peu près. S'il est moindre dans quelques cantons, c'est dans ceux où la consommation est très-grande, et où la fabrication pouvant s'étendre en proportion , l'espoir du gain fait baisser les prix par la concurrence. Dans les localités où l'on brûle du charbon de terre ou de la tourbe, le prix du combustible étant variable, comme dans celles où l'on brûle du bois, le prix des briques subit des variations à peu près semblables.

Une des choses les plus essentielles à observer dans la cuisson , c'est la conduite du feu qu'il ne faut pousser ni trop lentement ni trop vite, parce que, dans le premier cas , on consommerait inutilement trop de combustible, et que, dans le second, les briques trop tôt durcies à la surface , se gerceraient lorsque l'humidité renfermée au centre ferait effort pour se dégager. Ainsi, le feu, augmenté insensiblement, ne devra atteindre son plus haut degré qu'au bout de deux, de trois ou de quatre jours, suivant la grandeur du four et la qualité de l'argile. Porté à ce point, on devra l'y entretenir pendant un tems double, et ce n'est qu'alors que l'on pourra regarder la cuisson comme terminée, et abandonner le fourneau à lui-même pour donner aux pièces le tems de se refroidir. La disposition et la grandeur des fours influent encore singulièrement sur la durée de ce refroidissement. Dans quelques fours de petite dimension, il suffit de deux à trois jours, tandis qu'il en faut au moins huit, et quelquefois quinze ou vingt pour les fours où l'on cuit de soixante mille à cent mille briques.

Nous ne terminerions pas si nous voulions signaler toute la diversité des manœuvre qui appartient aux différentes sortes de fours en usage, nous dirons seulement qu'il faut toujours proportionner la quantité du combustible et la durée et l'activité du feu, au nombre des briques, en tenant compte des modifications rendues nécessaires par la qualité de la terre, la forme du four et la disposition du foyer. Du reste, quoi qu'il en soit de ces fours, les briques

doivent toujours y être disposées de manière à laisser un libre passage à la
flamme, et c'est à quoi l'on parvient en
plaçant les briques de champ, c'est-à-
dire sur le côté de la tranche, les espaçant d'un pouce, et leur superposant
d'autres briques semblablement disposées, mais dans une autre direction.

On facilite l'arrangement des briques
dans le four, en enfonçant la maçonnerie plus ou moins profondément dans
le sol, et en ménageant sur un des côtés une large ouverture que l'on ferme
quand le chargement est terminé, et
que l'on ouvre de nouveau quand il faut
décharger le four. Dans les fours cubiques qui ne sont pas recouverts d'une
voûte, on dispose au-dessus de la brique une, trois ou quatre rangées de briques cuites, et l'on recouvre le tout d'un
peu de terre qui, après avoir été ainsi
desséchée, remplace le sable nécessaire
pour le moulage dans les localités où
cette substance se rencontre difficilement. L'accumulation de la terre sur un
côté plutôt que sur l'autre, permet de
donner au feu la direction qu'on désire ;
et l'on connaît que la cuisson est ter-

minée lorsque les briques du haut sont devenues rouges.

Dans les localités éloignées des fours à briques, les propriétaires peuvent fabriquer et cuire aisément toute la brique dont ils ont besoin, sans faire la dépense d'un four en maçonnerie. A cet effet, après avoir fait gâcher de la glaise à laquelle ils entremêlent un peu de foin, ils entourent avec cette espèce de mortier, à une plus ou moins grande hauteur, un espace rond ou carré, enfoncé en terre de deux ou trois pieds ; et ils ménagent dans les parois de leur construction, une ou deux ouvertures dans le bas, pour servir de bouches aux foyers, et une dans le haut pour faciliter le chargement. Cette maçonnerie achevée et sèche, ils y disposent les briques, en commençant par le bas, où ils construisent des foyers avec des briques crues. Au-dessus ils placent le reste des briques, et si l'ouvrage est bien disposé et l'opération bien conduite, ils obtiennent un bon résultat. Le même fourneau peut servir ainsi plusieurs fois, et le prix de revient des briques n'est pas sensiblement plus

élevé qu'il ne l'est dans les petites briqueteries.

Lorsque l'on fait usage de la tourbe
pour combustible , les fours doivent
être voûtés , ou du moins être plus bas
dans tous les cas que les fours à bois; il
faut aussi que les foyers soient munis de
cendriers , pour faciliter l'arrivée de
l'air et la combustion. Du reste l'opération se conduit de la même manière
avec la tourbe qu'avec le bois. On pourrait cependant employer aussi la tourbe
de la même manière que le charbon de
terre dont l'emploi ne nécessite la construction d'aucun four, et que l'on mêle
par partie , entre les briques, de la manière que nous allons indiquer.

Après avoir disposé une aire bien battue , de vingt , trente ou quarante pieds
de côté , on y construit, avec des briques cuites , plusieurs petites murailles
parallèles de la hauteur d'un pied , que
l'on forme en plaçant deux briques de
plat et deux de champ , les unes sur les
autres. A cette hauteur on commence à
donner de la saillie aux briques des deux
côtés de ces murailles, qui sont éloignées
d'un pied à quatorze pouces, de telle fa-
çon que se rencontrant les unes les au-

tres , elles forment bientôt des voûtes de la hauteur de dix-huit pouces. Avant que ces voûtes soient fermées, on y entasse du menu bois et quelque peu de charbon, afin de pouvoir plus tard allumer le feu, et l'on continue ensuite le chargement. Au-dessus de ces voûtes qui forment une aire que l'on aplanit avec des briques , on commence le chargement avec la brique crue , et à chaque couche que l'on fait, on jette dessus du charbon divisé. L'ouvrage se continue alors toujours de même en forme de pyramide tronquée ; mais l'on n'attend pas que toutes les briques soient placées pour faire le feu. On commence ordinairement à l'allumer lorsque la fournée a trois ou quatre pieds de hauteur , et le travail n'est pas interrompu pour cela ; au contraire, on le surveille avec plus de soin , afin de ne pas laisser la combustion s'étendre trop vite. Dans le haut , on économise un peu de charbon , parce que de tems à autre, on laisse passer une couche de briques sans en ajouter ; mais en même tems , on observe de diminuer un peu l'épaisseur des couches sur les côtés , en inclinant les briques , parce que le retrait étant plus grand dans le milieu, où la chaleur est plus grande, il s'y formerait un affaissement qui entraînerait la démolition du fourneau et la perte de la fournée presque entière. La hauteur totale des couches de briques que l'on superpose de cette manière, est de six à dix-huit pieds. Le pourtour des couches est revêtu d'une certaine quantité de terre glaise pour s'opposer à l'accès de l'air ; mais comme il est à propos de ménager quelques ouvertures dans le bas, ce n'est que dans le haut que l'on s'applique à boucher toutes les fissures.

La quantité de briques que l'on peut cuire de cette manière, en une seule fournée, est très-considérable ; elle est de six cent mille quand la pyramide a quarante pieds de côtés à sa base et dix-huit pieds de hauteur. Pour cuire ce nombre de briques, on ne consomme ordinairement que six cents à douze cents hectolitres de charbon de terre ; aussi dans les pays où le charbon ne coûte que trente-six à quarante sous l'hectolitre, le mille de briques ne se vend guère que de dix à quinze francs.

Les détails dans lesquels nous sommes entré sur la fabrication de la brique, sont suffisans pour donner une idée nette des soins à prendre pour l'obtenir constamment de bonne qualité. Cette fabrication, d'une grande importance dans tous les pays, l'est en particulier dans ceux où l'on ne rencontre pas de pierre à bâtir, et où, sans la brique, l'on se verrait réduit à construire en bois. La brique, d'un excellent usage dans les constructions de toute espèce, ne saurait être remplacée par rien dans celles qui doivent être exposées au feu, telles que les tuyaux de cheminée, les fours et fourneaux, etc. Elle est encore préférable à tous les autres matériaux pour la construction des voûtes légères; et même quand ces voûtes ont beaucoup d'étendue et peu de montée, on peut fabriquer exprès des briques creuses, moulées en forme de coins ou claveaux, avec lesquelles on obtient des ouvrages encore plus solides et plus légers. Enfin, quand la confection des briques est parfaite, qu'elles sont denses, sonores, tenaces, bien cuites, et préparées avec une terre comprimée, on peut les regarder comme inaltérables et préférables à presque toutes les espèces de pierres.

Les anciens fabriquaient une brique

particulière qui avait la propriété de flotter sur l'eau, et qui était si peu conductrice du calorique, qu'on la tenait, sans se brûler, par un bout, lorsque l'autre était rouge de feu. Cette brique réunissait comme on voit, des avantages bien précieux, pour la construction des fourneaux et des maçonneries à bord des vaisseaux; et il est à regretter que sa fabrication ait été totalement interrompue depuis plusieurs siècles. Cependant le célèbre Fabroni, en Italie, et Faujas, en France, ont fabriqué des briques semblables, et constaté tout ce qu'avaient dit les anciens. La matière qu'ils ont employée, est une substance pulvélurente, connue par les naturalistes sous le nom de *farine fossile*, ou *agaric minéral*, et qu'ils ont mêlée avec une certaine quantité d'argile. La proportion ordinaire des élémens de cette substance, lorsqu'on la rencontre dans la nature, est une partie de silice, un quart de magnésie, un cinquième d'alumine, et quelques traces de chaux et de fer.

L'on ne saurait dire que l'art du briquetier, considéré dans ses résultats généraux, ait fait de grands progrès depuis très-long-tems ; mais si la pratique est restée stationnaire ou a été en rétrogradant à quelques égards, depuis les romains, il n'en est pas de même de la théorie qui a enseigné les dispositions les plus avantageuses à donner aux fourneaux, et les moyens de reconnaître les qualités de l'argile ou d'en corriger les mauvais effets. Il a été aussi constaté qu'une terre appropriée étant bien pétrie, la pression ou la percussion étaient suffisantes pour donner aux briques toutes les qualités les plus excellentes ; et si l'on en fabrique de qualité très-médiocre, alors même que l'argile est bonne, c'est que l'on cherche à diminuer les frais de main-d'œuvre, et que l'on ne pourrait faire mieux sans vendre trop cher. Aujourd'hui donc le point le plus important de cette fabrication, et celui qui fixe particulièrement l'attention, c'est l'invention de machines propres à préparer la terre, et à la mouler en la comprimant ; et il est permis d'espérer qu'on atteindra prochainement ce but désiré. Alors la fabrication des briques et des carreaux et de tous les objets

de poterie faits au moule, aura atteint
le degré de perfection le plus élevé, et
l'on jouira des avantages les plus esti-
mables, l'excellente qualité des produits
et leur bon marché.

FIN.

TABLE

ANALYTIQUE.

—

INTRODUCTION.

L'objet de ce Traité est l'exposition des méthodes les plus judicieuses, concernant la préparation de la chaux et du plâtre, et la fabrication des briques et des carreaux. — Ces divers sujets, d'une importance non contestée, intéressent à un haut degré toutes les classes de propriétaires.. v.

PRÉPARATION DE LA CHAUX.

La pierre à chaux se rencontre en abondance dans la nature. — Caractères auxquels on la reconnaît. — Moyen facile d'en déterminer le degré de pureté par l'analyse. — Ce qui constitue la différence des chaux grasses et des chaux maigres ou hydrauliques.—Moyen d'obtenir à volonté des chaux hydrauliques. — Ce que l'on entend par le *foisonnement* de la chaux. — Les chaux provenant des calcaires purs et compactes sont celles qui foisonnent le plus. — Raison de ce fait. — La chaux n'est autre chose que du carbonate calcaire dont on a dégagé le gaz carbonique , à l'aide d'une élévation de température. — La calcination de la pierre à chaux s'opère dans des fours dont la forme peut varier. — Fours à chaux alimentés par le bois. — Prix du revient de la chaux dans différentes localités. — Arrangement de la pierre dans les fours à bois. — Conduite de l'opération. — Caractères de la bonne chaux. — Fours à chaux alimentés par le charbon de terre ou la tourbe. — Dans ces fours , le travail n'est jamais interrompu , et l'on peut retirer de la chaux par le bas , en proportion de la quantité de pierre à chaux qu'on ajoute par le haut. — Conduite de l'opération dans les fours de cette espèce. — Préparation de la chaux sans four............................ 9

PRÉPAPATION DU PLATRE.

Propriétés comparées de la chaux et du plâtre. — La préparation du plâtre est d'une importance beaucoup moins générale que celle de la chaux. — Différentes espèces de plâtre. — La vaporisation de son eau de cristallisation est ce qui donne au plâtre la propriété de se gâcher. — Le plâtre doit être conservé à l'abri de l'humidité. — Analyse de la pierre à plâtre. — Calcination de la pierre à plâtre. — Elle s'opère avec plus de facilité à l'aide du bois , qu'à l'aide

du charbon de terre ou de la tourbe. —
Elle demande une température moins
élevée que celle de la pierre à chaux. —
Elle a lieu dans des fours qui peuvent
avoir des formes très-variées........... 40

FABRICATION DES BRIQUES ET DES CARREAUX.

La fabrication des poteries est fondée sur
la propriété qu'ont les argiles de durcir
au feu. — Les argiles sont des substances
composées d'alumine et de silice dans
des proportions variables. — Elles sont
infusibles quand elles sont pures. — Caractères de l'alumine et de la silice. —
Caractères auxquels on peut reconnaître une bonne argile. — La même
argile ne convient pas également aux
différentes espèces de briques. — Inconvénient de l'argile trop impure. — Effets
divers produits par la prédominance de
l'alumine ou de la silice. — Précautions à prendre pour obtenir des briques
appropriées au divers usages. — Les
argiles alumineuses exigent, pour leur
cuisson, une température plus élevée
que les argiles siliceuses. — Quand les
argiles sont très-impures, il est à propos de faire subir aux briques un commencement de vitrification. La terre destinée à la fabrication des briques est
soumise à des manipulations qui varient
suivant les pays. — Exposé des pratiques
usitées à cet égard, en Normandie, en

FIN DE LA TABLE.

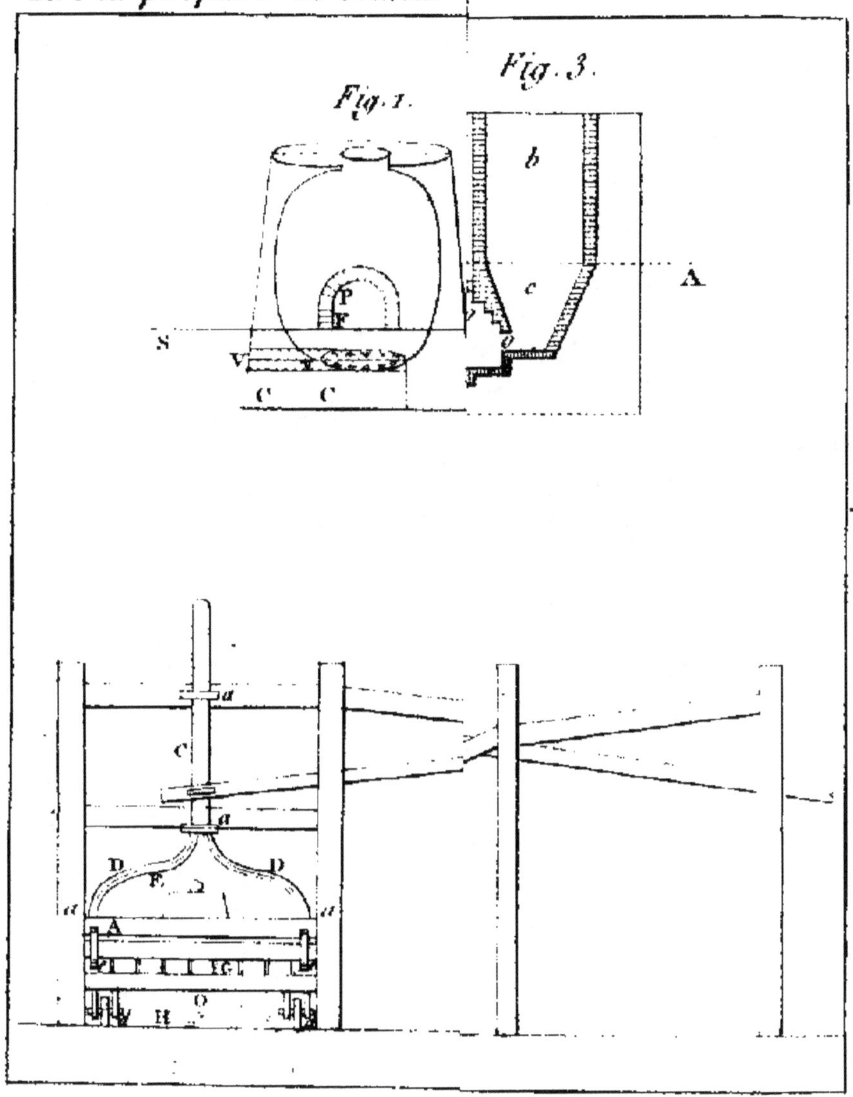
Fig. 1.
Fig. 3.
b
c
A
P
F
S
V
C
C
a
C
a
D
D
F
A
G
V
H
O

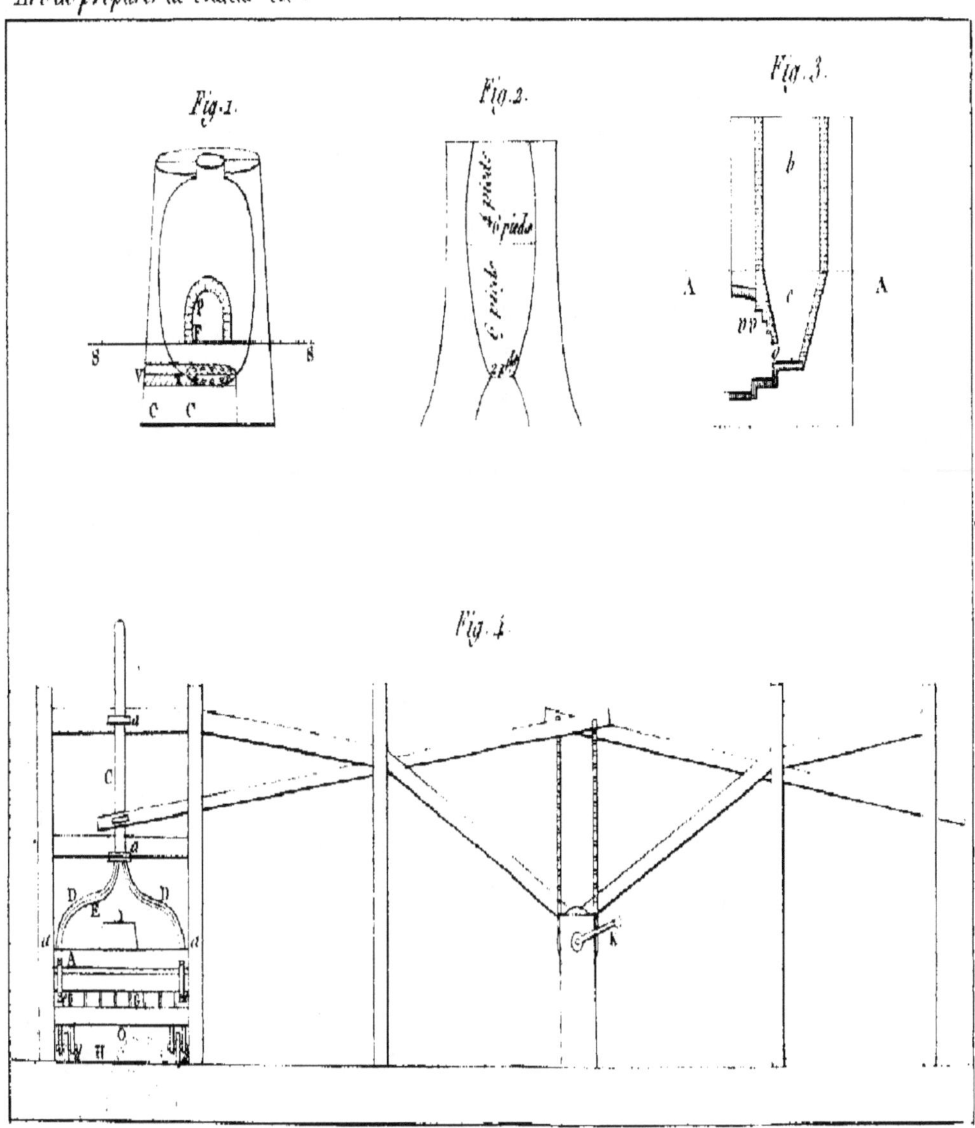
Fig. 1.
Fig. 2.
Fig. 3.
Fig. 4.